JÖRG MAYWALD

Die beste Frühbetreuung

Krippe, Tagesmutter, Kinderfrau

Liebe Leserin, lieber Leser!

Überall in Deutschland entstehen neue Plätze für frühe Tagesbetreuung. Von der großen Mehrzahl der Eltern erwünscht und von der Politik gewollt, öffnen sich bereits bestehende Kindergärten altersmäßig »nach unten«, neue Krippeneinrichtungen werden gegründet. Parallel zum Ausbau der Krippen erweitern und professionalisieren sich die Angebote von Tagesmüttern, Kinderfrauen und Babysittern. Gerade dort, wo es bisher kaum Plätze für die Betreuung von Kindern in den ersten drei Lebensjahren gab, entwickelt sich ein regelrechter Gründerboom. Vor unseren Augen vollzieht sich ein tief greifender Einstellungswandel gegenüber früher, familienergänzender Tagesbetreuung, besonders im Westen, Norden und Süden der Republik. Kaum ein anderer gesellschaftlicher Bereich entwickelt sich so dynamisch wie die Frühbetreuung für Kinder.

Meine eigenen Eltern meldeten mich im Kindergarten an, als ich drei Jahre alt wurde. Als Sozialpädagogin war meine Mutter damals fest davon überzeugt, dass Kinder bereits vor der Schule von einer Gruppe Gleichaltriger und von den Anregungen ausgebildeter Erzieherinnen profitieren. Dass dies auch für Kinder in den ersten drei Lebensjahren gelten könnte, wäre ihr allerdings nicht in den Sinn gekommen. Die Lebensbedingungen waren in dieser Zeit auch wesentlich andere. In den meisten Familien gab es mehrere Geschwister, das Spielumfeld draußen war für viele Kinder einfach zugänglich und ein großer Teil der Mütter war längere Zeit als Hausfrau tätig.

Kaum ein anderer gesellschaftlicher Bereich entwickelt sich so dynamisch wie die Frühbetreuung.

Als ich selbst Vater wurde, gaben wir unsere 16 Monate alte Tochter in eine französisch-deutsche Krippe. Wir lebten in der Nähe von Paris, und dort war es üblich, dass ein Kind etwa mit Beginn des zweiten Lebensjahres eine Tageseinrichtung besucht.

Die Geburt der zweiten Tochter fiel mit unserer Rückkehr nach Deutschland zusammen. Hierzulande eine gute Krippe zu finden war in den 1990er-Jahren nicht einfach. Es gab viele Vorbehalte gegen frühe Tagesbetreuung. Schließlich entschieden wir uns für eine von Eltern gegründete Einrichtung, die unseren Vorstellungen von einer vertrauensvollen Zusammenarbeit mit den Erzieherinnen am besten entsprach. Dort wurde sie bald nach ihrem zweiten Geburtstag aufgenommen. Unseren jüngsten Sohn ließen wir ab seinem dritten Lebensmonat mehrmals wöchentlich von einer Kinderfrau betreuen, weil unsere berufliche Situation hohe Flexibilität erforderte. Am Ende des zweiten Lebensjahres wechselte er dann in eine Kita. Zusätzlich engagierten wir bei Bedarf für alle unsere Kinder in den ersten Jahren Babysitter, häufig aus dem Freundeskreis, manchmal aber auch gegen Bezahlung.

Heutzutage wird frühe Betreuung auch in Deutschland immer selbstverständlicher. Dabei geht es keineswegs nur um sozialen Notbehelf. Im Gegenteil, häufig sind es gerade die gut ausgebildeten Eltern, die ihrem Kind die besten Startchancen bieten wollen und sich für eine die Familie ergänzende Betreuung bereits in den ersten drei Lebensjahren entscheiden. Die meisten jungen Eltern sind anspruchsvoll, und dies ganz zu Recht. Sie wollen die beste Betreuung für ihr Kind und ausgezeichnete Bildungsangebote. Sie wollen ihre Elternverantwortung wahrnehmen und sich beruflich weiterentwickeln. Sie wollen flexibel sein und zugleich ihren Kindern eine sichere Basis bieten.

Junge Eltern wollen die beste Betreuung für ihr Kind und ausgezeichnete Bildungsangebote.

Um allen diesen Ansprüchen gerecht zu werden, müssen Eltern immer wieder Entscheidungen treffen. Ab wann ist mein Kind reif für frühe Betreuung? Wie viele Stunden täglicher Betreuung sind in welchem Alter angemessen? Was sind die Vor- und Nachteile von Krippeneinrichtungen beziehungsweise Tagesmüttern (und manchmal Tagesvätern)? Woran kann ich gute Qualität erkennen? Beeinträchtigt frühe Betreuung die Bindung des Kindes an mich als Mutter oder Vater? Welche Bildungs- und Förderangebote kann ich erwarten? Inwiefern profitiert mein Kind vom Zusammensein mit anderen Kindern? Wann ist es überfordert? Mache ich etwas falsch, wenn ich mich gegen Frühbetreuung entscheide? Wie sollte eine gute Erziehungs- und Bildungspartnerschaft mit den Erzieherinnen oder Tagesmüttern aussehen? Was tun, wenn mein Kind mit früher Betreuung nicht zurechtkommt?

Dieses Buch soll Ihnen als Mutter oder Vater bei der Beantwortung solcher Fragen kompetente Orientierung bieten. Wissenschaftlich fundiert, praxisnah und übersichtlich werden alle mit dem Übergang des Kindes in frühe Tagesbetreuung zusammenhängenden Themen behandelt: von den ersten Überlegungen pro und kontra frühe Betreuung über das Aufnahmegespräch und die Gestaltung der Eingewöhnung bis hin zu der so wichtigen Erziehungs- und Bildungspartnerschaft.

Und noch etwas: Auch die Kinder sollen in diesem Buch zu Wort kommen. Jonas und Laura kommentieren aus ihrer Sicht die verschiedenen Stufen des Übergangs in Tagesbetreuung. Auf der nächsten Seite stellen sie sich Ihnen schon einmal vor.

Zum Gelingen dieses Buches haben viele Menschen beigetragen. Ich bedanke mich bei den Mitgliedern des Vorstandes und bei den Kolleginnen der Geschäftsstelle der Deutschen Liga für das Kind für zahlreiche wertvolle Anregungen. Ganz besonders möchte ich meiner Frau Leona Maywald Dank sagen, deren Erfahrungen als Analytische Kinder- und Jugendlichenpsychotherapeutin viele Gespräche rund um dieses Buch bereichert haben.

Jörg Maywald

Jonas und Laura: Hallo, liebe Leserin, lieber Leser!

Wir sind Jonas und Laura, und wir wollen euch unsere Sicht der Dinge erklären. Schließlich sind wir die Hauptpersonen, wenn es um frühe Tagesbetreuung geht. Nun ja, offen gesagt, haben wir uns einen Autor gesucht, der unsere Meinung vertritt. Er kennt viele Kinder in unserem Alter und versucht, uns zu verstehen. Vielleicht kann Ihnen unsere Sichtweise helfen, auch eure Kinder besser zu verstehen und zu erkennen, was für sie am besten ist. Natürlich ist jedes Kind anders und Ihr Kind wird manches auf ganz eigene Art erfahren. Dennoch erleben die meisten Kinder den aufregenden Wechsel in Tagesbetreuung auf ähnliche Weise. Übrigens sind wir beide vor Kurzem genau ein Jahr alt geworden. Jonas' Mutter und Lauras Vater sind in Elternzeit, und bei uns zu Hause wird gerade heiß diskutiert, ob wir in eine Krippe oder zu einer Tagesmutter gehen sollen. Und vor allem, welche es dann sein soll.

Viele Grüße an eure Kinder und bis später, Jonas und Laura

Da in Krippen und Kindertagespflegestellen ganz überwiegend Frauen tätig sind, spreche ich an den meisten Stellen von Erzieherinnen und Tagesmüttern. Wenn die männliche Form nicht genannt ist, sind Erzieher und Tagesväter selbstverständlich mit gemeint.

Häufig sind Krippengruppen Bestandteil einer Kita oder eines Kindergartens. Wenn in diesem Buch von Krippe gesprochen wird, dann ist damit eine Kindertageseinrichtung bzw. eine Gruppe in einer Tageseinrichtung gemeint, in der sich ausschließlich oder teilweise Kinder zwischen null und drei Jahren für einen Teil des Tages oder ganztägig aufhalten und von pädagogisch qualifizierten Fachkräften gefördert werden.

Frühbetreuung: Ja oder Nein?

Die wichtigsten Bindungspersonen für ein Kind sind die Eltern. Zu dem Netzwerk vertrauter Personen kann aber auch eine Erzieherin in der Krippe oder die Tagesmutter gehören.

Jonas und Laura: Bei uns zu Hause wird jetzt viel diskutiert. Unsere Eltern fragen sich, wann wohl der beste Zeitpunkt ist, dass wir in eine Krippe oder zur Tagesmutter gehen. Wir merken ganz genau, dass wir die wichtigsten Menschen in ihrem Leben sind. Aber auch ihr Beruf bedeutet ihnen viel. Für uns ist die Sache eigentlich klar: Mama und Papa sollen uns mit anderen Kindern zusammenbringen. Immerhin sind wir inzwischen ein gutes Jahr alt und können schon laufen. Neulich auf dem Spielplatz war richtig viel los. So viele Kinder, das war spannend! Wir waren mittendrin, und wenn es brenzlig wurde, wussten wir genau, auf welcher Bank wir unsere Eltern finden konnten. Ein bisschen aufgeregt sind wir schon, wie das wird, so ganz ohne die Eltern; Mama und Papa übrigens auch. Jetzt aber sind sie dran. Sie sollen einfach jedem Tag eine klare Struktur geben, damit wir wissen, woran wir sind. Denn Abenteuer sind nur dann richtig schön, wenn anschließend der sichere Hafen winkt.
Eure Jonas und Laura

Leben mit einem Kind: private Netzwerke

»Um ein Kind zu erziehen, braucht es ein ganzes Dorf«, heißt es. Als Eltern werden Sie dem vermutlich zustimmen. Und sich zugleich fragen: Was nützt mir diese Erkenntnis, wenn ich in einer Stadt wohne oder in einem Dorf, dessen Gemeinschaft nicht mehr wie in den vermeintlich »guten alten Zeiten« funktioniert? Wie also kann das für ein Kind so wichtige »ganze Dorf« unter den Bedingungen modernen Familienlebens geschaffen werden?

Die Antwort heißt Vernetzung. Zwar brauchen Kinder in den ersten Lebensjahren vor allem ihre Eltern. Zugleich jedoch benötigen Mutter, Vater und Kind ein Netzwerk: andere Eltern mit einem kleinen Kind, Großeltern sowie ältere Geschwister können ebenso dazugehören wie Tante und Onkel, Babysitterin oder Kinderfrau, Tagesmutter, Freundinnen und Freunde der Eltern, Nachbarn und gute Arbeitskollegen. Auch die Krippe, eine Eltern-Kind-Gruppe, die Kinderarztpraxis oder ein Mehrgenerationenhaus sind wichtige Bausteine für solch ein Netzwerk.

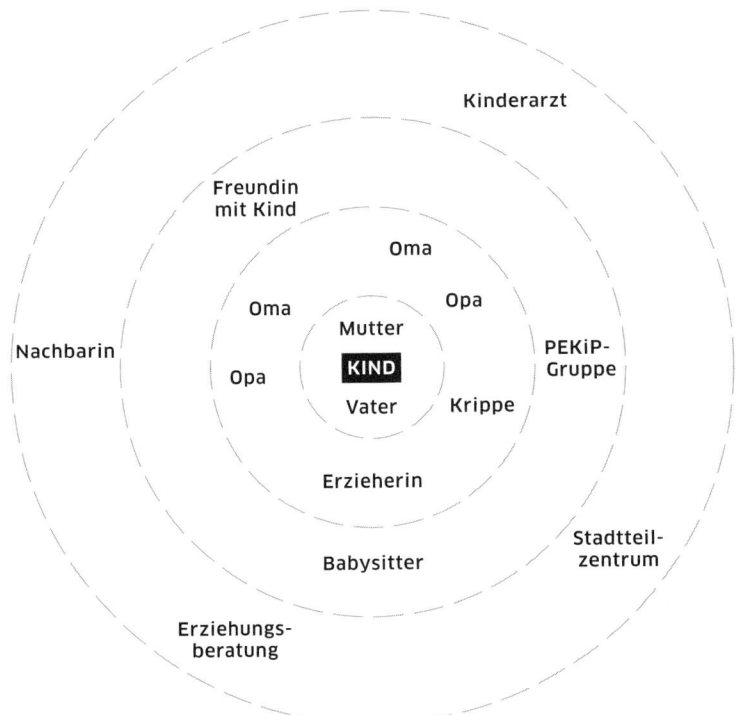

Netzwerkkarte
So kann das Netzwerk rund um ein Kind aussehen. Nehmen Sie doch einmal Papier und Bleistift zur Hand und zeichnen Sie Ihre persönliche Netzwerkkarte. Im Mittelpunkt stehen Ihr Kind und Sie als Eltern.

Im nächsten Schritt können Sie nun die Rollen sämtlicher Mitglieder des Netzwerks festlegen. Wer übernimmt in welcher Situation welche Aufgabe? Gibt es Betreuungslücken und wie könnten diese gefüllt werden? Die folgende Checkliste kann Ihnen bei der Beantwortung dieser Fragen eine Hilfe sein.

Checkliste: Mein Netzwerk für mein Kind

✓ Wann bin ich selbst mit dem Kind zusammen und welche Zeiten sind mir dabei besonders wichtig (z. B. ins Bett bringen, Spielzeiten, Treffen mit der Eltern-Kind-Gruppe, Wochenende)?

✓ Wer betreut mein Kind regelmäßig tagsüber und zu welchen Zeiten?

✓ Welche Ersatzlösung gibt es bei Ausfall der Tagesbetreuung (z. B. Schließzeit der Krippe oder Krankheit der Tagesmutter)?

✓ Wer passt auf mein Kind auf, wenn ich Zeit für mich oder Zeit mit meinem Partner benötige?

✓ Mit welchen anderen Eltern kann ich mich bei Bedarf austauschen?

✓ An welche Beratungsstelle (z. B. Erziehungsberatung, Babyambulanz) kann ich mich bei Fragen zur Erziehung oder Entwicklung des Kindes wenden?

✓ Wer versorgt mein Kind, wenn es krank ist?

✓ An wen kann ich mich in einer Notfallsituation wenden (Kinderarzt, Kinderklinik, Vergiftungszentrale, Notfallnummern)?

✓ An wen (besser zwei oder drei Personen) kann ich mich wenden, wenn mein persönliches, auf das Kind bezogene Netzwerk zusammenbricht und ich dringend Unterstützung benötige?

Familie und Berufstätigkeit

Die große Mehrheit der Eltern will heutzutage Kindererziehung, Partnerschaft und Berufstätigkeit gut miteinander verbinden. Dies gilt für Mütter und Väter gleichermaßen und spiegelt auch die Auffassung fast aller jungen Menschen wider, bevor sie eine Familie gründen. Weder die berufstätige kinderlose Frau noch die Hausfrau und Mutter ohne Beruf entspricht dem Ideal einer

Mehrheit. Und auch das Bild des Wochenendpapas, der die Entwicklung seiner Kinder nur aus der Ferne beobachtet, ist nicht mehr zeitgemäß.

Die Ursachen für diese Einstellung sind vielfältig: Frauen haben genauso Freude an Berufstätigkeit wie Männer und wollen ebenso wie diese finanziell auf eigenen Beinen stehen. Männer möchten nicht auf die Rolle des Ernährers reduziert werden, sondern am Leben ihrer Kinder teilhaben und auch im Alltag Erziehungsverantwortung übernehmen. Frauen und Männer wissen, dass eine Partnerschaft oder Ehe nicht immer ein ganzes Leben lang anhält und sie daher Vorsorge treffen müssen, notfalls für sich selbst sorgen zu können. Wenn Eltern sich trennen oder scheiden lassen, wird auch Alleinerziehung in Kauf genommen.

Die finanzielle Belastung durch Kinder ist trotz Kindergeld und steuerlicher Entlastungen so groß, dass bei einem Durchschnittsverdienst mindestens eineinhalb Einkommen vorhanden sein müssen, um einigermaßen über die Runden zu kommen. Nicht zuletzt begünstigt die steigende Lebenserwartung den Wunsch nach einer Verbindung von Berufstätigkeit und Familie, haben doch die Eltern dann, wenn die Kinder einmal aus dem Haus sind, noch eine lange »Nachkinderphase« vor sich, die mit sinnvoller beruflicher Einbindung gefüllt werden will. Hinzu kommt, dass viele private Kontakte und sogar Freundschaften sich inzwischen häufig aus beruflichen Verbindungen ergeben.

Alle diese Gründe führen dazu, dass Eltern selbstverständlich beides wollen: das Zusammensein mit einem oder mehreren Kindern nach Möglichkeit im Rahmen einer funktionierenden Partnerschaft und zugleich die Ausübung einer Berufstätigkeit, in der die eigenen Fähigkeiten bestmöglich zur Entfaltung kommen.

Eine unverzichtbare Voraussetzung für die Verbindung von Familie und Beruf bei beiden Eltern ist eine gut funktionierende Tagesbetreuung, von der das Kind profitiert und in der es sich wohlfühlt. Diese Erkenntnis ist nicht neu, und es gab in der Vergangenheit immer wieder Versuche, die »Kinderbetreuungsfrage« zu lösen. Beim Blick in die Geschichte fällt auf, dass die Zeiten, in denen sich die Mutter in den ersten Lebensjahren ausschließlich um ihre Kinder kümmerte, historisch betrachtet eine Ausnahme darstellen.

Ein Blick zurück

Seit Menschengedenken werden Kinder bereits in ihren ersten Lebensjahren auch von anderen Personen betreut, meistens von Mitgliedern der Familie, die das Kind seit seiner Geburt kennen. Aber auch nicht verwandte Personen wie Ammen, Freunde, Nachbarn, sogenannte Zugehfrauen oder anderes Haus- und Dienstpersonal wurden und werden in unterschiedlicher Art und Weise für die Betreuung kleiner Kinder eingesetzt. Nicht zuletzt spielt bis heute die wechselseitige Hilfe unter Müttern eine gewichtige Rolle: Während eine Mutter sich um mehrere Kinder kümmert, gehen die anderen ihrer Arbeit bzw. ihren Besorgungen nach.

In Europa wurde die erste Krippe (»Crèche«) am 14. November 1844 in Paris in Betrieb genommen. Krippen in Deutschland entstanden bald danach in verschiedenen Großstädten.

Da Krippen bis in die Mitte des 20. Jahrhunderts in erster Linie als Einrichtungen der Säuglingsfürsorge für mittellose oder erziehungsunfähige Mütter angesehen wurden, führten sie ein Jahrhundert lang in Deutschland ein Nischendasein. Nach dem

Ende des Zweiten Weltkriegs nahm die Entwicklung des Krippenwesens in dem dann geteilten Deutschland einen geradezu gegensätzlichen Verlauf. Während die Krippenbetreuung in der DDR, jedenfalls im zweiten und dritten Lebensjahr, fester Bestandteil des Lebens der meisten Kinder wurde, spielten Krippen in der alten Bundesrepublik – abgesehen von Westberlin, wo Ende der 1980er-Jahre immerhin für ein Viertel der Kinder unter drei Jahren ein Krippenplatz bereitstand – kaum eine Rolle.

Mit der Wiedervereinigung verblassten allmählich die stark ideologisch geprägten Argumente sowohl der extremen Krippengegner wie auch der ausschließlichen Krippenbefürworter. Allerdings sind die Ausgangsbedingungen im Osten und Westen Deutschlands bis heute sehr unterschiedlich. Während in den neuen Bundesländern ausreichend Krippenplätze vorhanden sind und auch der Ausbau von Tagespflegestellen Fortschrit-

Die Verbindung von Familie und Berufstätigkeit ist für die meisten Eltern selbstverständlich.

te macht, besteht vor allem in den westlichen Flächenländern bei stark angestiegenem Bedarf ein großer Mangel an Betreuungsplätzen.

Ab 1.8.2013 soll jedes Kind mit Vollendung des ersten Lebensjahres einen Rechtsanspruch auf einen Betreuungsplatz erhalten. Der Rechtsanspruch schließt altersmäßig an das Ende des Elterngeldes an und erlaubt berufstätigen Mütter und Vätern, ohne drastische Einkommenseinbußen Kinder im ersten Lebensjahr selbst zu betreuen und anschließend ergänzend in eine Krippe oder Tagespflegestelle zu schicken. Nach Ende der Ausbauphase im Jahr 2013 soll dann für etwa ein Drittel der Kinder unter drei Jahren ein Betreuungsplatz zur Verfügung stehen, rund 70 Prozent in Krippen und 30 Prozent in Tagespflegestellen.

Bindung und Trennung in den ersten Lebensjahren

Kinder sind von Natur aus soziale Wesen. Jedes Kind sucht die Nähe zu vertrauten Bezugspersonen, denen es sich zugehörig fühlt und mit denen es bedeutungsvolle Beziehungen eingeht. Dieses Grundbedürfnis nach Bindung ist für die gesunde Entwicklung ebenso bedeutsam wie die körperlichen Bedürfnisse nach Nahrung, Wärme, ausreichend Schlaf usw.

Kinder kommen mit einem angeborenen Bedürfnis nach Bindung auf die Welt.

Bindung kann als ein unsichtbares, aber wirkungsvolles emotionales Band zu einer bestimmten Person verstanden werden, die nicht austauschbar ist. In biologischer Perspektive stellt das Bindungssystem ein genetisch verankertes motivationales System dar, das nach der Geburt zwischen dem Säugling und seinen wichtigsten Bezugspersonen aktiviert wird und eine das Überleben sichernde Funktion hat. Aus psychologischer Sicht vermitteln Bindungsbeziehungen dem Kind emotionale Sicherheit und Stabilität, Selbstvertrauen und das Gefühl, geliebt und wertgeschätzt zu werden. Bindung kann nicht mit Abhängigkeit gleichgesetzt werden.

Die wichtigste Bindungsperson am Beginn des Lebens ist in der Regel die leibliche Mutter. Aber auch der Vater, Geschwister, Großeltern und Betreuungspersonen können zu wichtigen Bindungspersonen werden. Voraussetzung dafür, dass eine Bindung entsteht, ist nicht die biologische Verwandtschaft mit dem Kind, sondern die Tatsache, dass Gefühle ausgetauscht werden und ein kontinuierlicher Kontakt besteht.

Meistens ist eine Person (häufig die Mutter) Hauptbindungsperson, während andere allmählich zu ergänzenden Bindungspersonen werden.

Kinder haben aber nicht nur ein Grundbedürfnis nach sicheren und verlässlichen Bindungen. Ebenso bedeutsam ist ihr Wunsch, die Umwelt zu erkunden. Seelische Gesundheit in den ersten Lebensjahren lässt sich daher als gelungene Balance von emotionaler Verbundenheit zu vertrauten Personen auf der einen Seite und Erkundungsverhalten auf der anderen Seite beschreiben. Demnach hängt eine gelingende emotionale und soziale Entwicklung davon ab, ob Sicherheits- und Bindungsbedürfnisse sowie Erkundungs- und Autonomiebestrebungen gleichermaßen und ausgewogen befriedigt werden.

Dazu ein Beispiel: Der einjährige Max spielt in sich versunken im Sandkasten eines Spielplatzes. Seine Mutter sitzt wenige Meter entfernt auf einer Bank. Das Dröhnen eines herannahenden Flugzeugs ängstigt das Kind. Max unterbricht sein Spiel, blickt auf, streckt seiner Mutter die Ärmchen entgegen und krabbelt dann eilig auf ihren Schoß. Er wird getröstet, »tankt auf«, fühlt sich nach kurzer Zeit wieder sicher. Eine rote Sandschaufel weckt seine Neugier, er entfernt sich vom »sicheren Hafen« und setzt sein Spiel fort.

In sicheren und vertrauten Situationen will das Kind Neues erkunden und reagiert auf seine Umwelt vor allem mit Interesse
und Neugier. Dieses Interesse wird von dem schon für Neugebo-
rene befriedigenden Gefühl aufrechterhalten, Verhalten oder Er-
eignisse verursachen und kontrollieren zu können und dadurch
selbst wirksam und erfolgreich zu sein.

Bedürfnisse nach
sicherer Bindung
und wagemutiger
Erkundung regulieren
sich wechselseitig.

Demgegenüber wird in Situationen von Verunsicherung oder
Angst, z.B. in einer fremden Umgebung oder bei Abwesenheit
der Bezugsperson, das Bindungssystem des Kindes aktiviert.
Es sucht die Nähe und den Kontakt zu einer vertrauten Person,
die ihm als sichere Basis dient: Es weint, streckt die Arme nach
ihr aus, folgt ihr mit den Augen oder mit dem ganzen Körper,
schmiegt sich an oder klammert sich an sie.

Wichtigste Bindungs-
personen sind die
Eltern.

Entwicklung von Bindungen

Bereits im Mutterleib werden die Grundlagen für den Aufbau der ersten Bindungsbeziehungen gelegt. Mit zunehmender Reifung des Gehirns ist das Kind in der Lage, die Stimme der Mutter – und auch die des Vaters oder anderer wichtiger Personen – von anderen Geräuschen zu unterscheiden. Nach der Geburt kommen neben den bereits bekannten Lauten andere Faktoren, z. B. Geruch, Berührungen und Aussehen vertrauter Personen hinzu, durch die der Aufbau von Bindungen unterstützt und gefördert wird.

Jedes Kind entwickelt im Verlauf des ersten Lebensjahres gewöhnlich eine oder mehrere Bindungsbeziehungen zu nahestehenden Personen, in der Regel Mutter und Vater. Dabei ist das Kind von Beginn an selbst aktiv. Durch Blickkontakt, Kopf- und Körperbewegungen sucht es die Nähe zu vertrauten Personen. Durch Weinen und Lächeln erreicht es, dass die ihm vertrauten Personen ihrerseits Nähe suchen und Bindungsverhalten zeigen.

Bindungen an Erzieherin oder Tagesmutter ergänzen die primäre Bindung an Mutter und Vater.

Phasen beim Aufbau von Bindungen

> **Erste Phase (0 – 3 Monate):** Obwohl der Säugling bereits die ihm vertrauten Geräusche der Mutter oder anderer Personen erkennt, richtet er seine Signale unterschiedslos an alle Personen, die sich ihm anbieten, und ist bereit, sich von ihnen versorgen und bei Bedarf beruhigen zu lassen.

> **Zweite Phase (3 – 6 Monate):** Allmählich unterscheidet der Säugling zwischen vertrauten und weniger oder gar nicht vertrauten Personen. Mehr und mehr richten sich seine Signale gezielt an ihm bekannte Personen, aber auch anderen Personen bringt er weiterhin spontan Zutrauen entgegen und ist bereit, sich von ihnen versorgen zu lassen.

> **Dritte Phase (6–9 Monate):** Der Säugling unterscheidet nun deutlich zwischen bekannten und unbekannten Personen. Seine spontane Freundlichkeit gegenüber anderen Personen ist auffallend geringer. Manche Kinder fremdeln in diesem Alter stark. Andere bestehen darauf, dass bestimmte Pflegemaßnahmen oder Alltagsroutinen, z. B. ins Bett bringen, nur von einer bestimmten Person vorgenommen werden.

> **Vierte Phase (8–12 Monate):** Neben der Bindung an die Hauptbindungsperson (in den meisten Fällen die Mutter) entstehen weitere Bindungsbeziehungen an eine oder mehrere andere bekannte Personen, die sich deutlich vom Kontakt zu Fremden unterscheiden. Viele Kinder entwickeln jetzt klare Vorlieben, die sie mit bestimmten Personen verbinden. Während beispielsweise der Vater für den Badespaß und die Gutenachtgeschichte am Abend zuständig ist, wird die Mutter mit dem gemeinsamen Frühstücken und die Tagesmutter mit den Erkundungen im Wald und auf dem Spielplatz in Verbindung gebracht.

> **Fünfte Phase (zweites und drittes Lebensjahr):** Das Kind hat in der Regel zu mehreren Personen sichere Bindungen aufgebaut, die weiter gefestigt werden und sich in ihrer Bedeutung voneinander unterscheiden. In der Bindungstheorie wird vom Aufbau »innerer Arbeitsmodelle« gesprochen, die Orientierung ermöglichen und Sicherheit bieten. Aufgrund der rasanten Gehirnentwicklung ist das Kind zunehmend in der Lage, sich wichtige Bezugspersonen auch dann als »bei sich« vorzustellen, wenn diese vorübergehend nicht anwesend sind. Neben erwachsenen Bindungspersonen werden die Beziehungen zu Gleichaltrigen immer wichtiger. Es entwickeln sich Freundschaften, die ebenfalls allmählich den Charakter von Bindungsbeziehungen annehmen können.

Bindungen an Erzieherinnen und Tagesmütter

Kinder entwickeln Bindungen auch an »ihre« Erzieherin oder Tagesmutter, vor allem wenn die Gruppe der betreuten Kinder nicht allzu groß ist und die Betreuungsperson sich individuell auf jedes Kind einlässt. Die Stärke dieser Bindungen ist abhängig von Dauer und Kontinuität der Betreuung. Im Vergleich zu den Eltern sind solche Bindungen in der Regel deutlich weniger intensiv. Sie ergänzen die primäre Bindung an Mutter und Vater und gefährden diese nicht. Damit es nicht zu Konkurrenz oder sogar zu einem Loyalitätskonflikt des Kindes kommt, ist es wichtig, dass sich Eltern und Betreuungsperson wechselseitig in ihrer Bedeutung für das Kind akzeptieren und den jeweils anderen nicht als Bedrohung empfinden.

Aktuelle Untersuchungen der Entwicklungspsychologin Lieselotte Ahnert zeigen, dass sich die Eltern-Kind-Bindung mit zunehmendem Alter der Kinder in ihrem Schwerpunkt von der Erzieherinnen-Kind-Bindung unterscheidet:

> Eltern-Kind-Bindung: Im Vordergrund stehen Sicherheit und Zuverlässigkeit, Trost bei Enttäuschungen oder Missgeschicken sowie Stressreduktion in belastenden Situationen.
> Erzieherinnen-Kind-Bindung: Im Vordergrund stehen Hilfe bei der Bewältigung des Alltags sowie Unterstützung bei der Erkundung der Welt.

Qualität von Bindungen

Die Qualität einer Bindung entwickelt sich im Zusammenspiel zwischen Kind und Eltern bzw. Betreuungsperson. Sie ist abhängig von den Temperamentseigenschaften des Kindes und ganz besonders von den Verhaltensweisen der Erwachsenen. Impulsive, kontaktfreudige und mehr nach außen gekehrte Kinder zeigen deutlich ihre Bindungsbedürfnisse und fordern in Stresssituationen schnell die Nähe einer vertrauten Person. Demgegenüber sind scheue, eher introvertierte Kinder zögerlicher, finden sich mit Enttäuschungen schneller ab und zeigen bei Stress ihren Schmerz weniger deutlich.

Der größte Einfluss auf die Qualität einer Bindung ergibt sich daraus, wie feinfühlig Erwachsene sich verhalten. Werden die Bedürfnisse des Kindes von den Eltern oder Betreuungspersonen feinfühlig beantwortet, entwickelt sich eine sichere Bindungsbeziehung. Sicher gebundene Kinder lernen, dass sie verlässlich beruhigt und getröstet werden, sobald sie Unruhe oder Kummer signalisieren. Sie erleben die Bindungsperson als sichere Basis, von der aus sie interessiert die Umgebung erkunden und auf die sie sich in alltäglichen Notsituationen stützen können.

Feinfühligkeit bedeutet, die Signale eines Kindes wahrzunehmen, sie richtig zu interpretieren und darauf angemessen zu reagieren.

Kinder dagegen, die ihre Eltern oder Betreuungspersonen häufig als zurückweisend oder ignorierend erleben, entwickeln gewöhnlich eine unsicher-vermeidende Bindung. In Belastungssituationen neigen sie dazu, wenig von ihren Bindungsbedürfnissen zu äußern und die Bindungsperson eher zu meiden. Auf diese Weise passen sie sich, so gut es geht, den Anforderungen der Bindungsperson an, die von dem Kind rasche Selbstständigkeit und eine frühe Selbstregulation negativer Gefühle wie Angst und Ärger erwartet.

Und Kinder, deren Eltern oder Betreuungspersonen sich in Belastungssituationen in einer für das Kind wechselhaften und wenig nachvollziehbaren Weise verhalten, entwickeln eine unsicher-ambivalente oder kontrollierende Bindung. Das Verhalten der Bindungsperson signalisiert gleichermaßen Zuwendung, aber auch Hilflosigkeit und Ärger. Das Kind versucht, mit verstärkten und übertriebenen Gefühlsäußerungen die Aufmerksamkeit der Bindungsperson zu erregen. Es schreit z. B. viel und lässt sich dennoch nicht trösten. Gleichzeitig wird es von diesen

Bemühungen stark in Anspruch genommen und wirkt dadurch emotional abhängig.

Schließlich ist bei einer kleinen Gruppe besonders belasteter Kinder ein desorganisiertes Bindungsverhaltensmuster zu beobachten. Sie zeigen in Stresssituationen stereotype Verhaltensweisen oder erstarren für kurze Zeit, da ihnen aufgrund des uneindeutigen Verhaltens ihrer Bindungspersonen keine sinnvollen und hilfreichen Verhaltensstrategien zur Verfügung stehen. Desorganisierte Bindungen können ein Zeichen für eine Beziehungs- und Bindungsstörung sein.

Bindungen im Lebenslauf

Die in den ersten Lebensjahren erworbenen sicheren oder unsicheren Bindungsmuster erweisen sich über lange Zeit als relativ stabil. In etwa zwei Drittel der Fälle wiederholen Kinder später in ihren Partnerbeziehungen und auch in den Beziehungen zu den eigenen Kindern die von ihnen selbst in früher Kindheit erfahrenen Muster. Zugleich aber besteht kein Automatismus. Ein Kind, das in den ersten Lebensjahren unsichere Bindungen erfahren hat, kann durch glückliche Umstände und korrigierende Erfahrungen später durchaus sichere Bindungen im Verhältnis zu Partner und Kindern entwickeln.

Frühe Erfahrungen legen das Bindungsverhalten nicht ein für alle Mal fest.

Ob Änderungen im Lebenslauf in positiver oder negativer Richtung möglich sind, hängt von zahlreichen Faktoren ab. Die Qualität der primären Bindungen an Mutter und Vater und die Erfahrungen mit Gleichaltrigen spielen ebenso eine Rolle wie die ersten Liebesbeziehungen und das Ausmaß der Fähigkeit, seine Lebenserfahrungen zu reflektieren und zu verarbeiten.

Altersangemessene Trennungen

Trennungen gehören zum normalen Lebenslauf jedes Kindes.

Auch wenn es oft nicht so aussieht: Kleinkinder können Trennungen gut verkraften.

Auf die große Trennung der Geburt folgt eine Vielzahl kleinerer Trennungen und Abschiede, die bei gutem Verlauf die allmähliche Selbstständigkeit des Kindes fördern: das Entdecken des eigenen Körpers als getrennt von dem der Mutter, das Bewältigen vorübergehenden Alleinseins, das Abstillen, die ersten Schritte und die damit verbundene Welterkundung und der Übergang in die Tagesbetreuung.

Wenn Kinder an ihre Eltern sicher gebunden sind, können sie die ihrem Alter angemessenen Trennungen gut für ihre Entwicklung nutzen. Insofern ergeben sich Gefahren erst dann, wenn die Trennung abrupt, d. h. ohne Vorbereitung und Einbeziehung des Kindes, erfolgt, wenn keine ausreichend gute Ersatzperson (z. B. Erzieherin oder Tagesmutter) zur Verfügung steht oder das Kind anderweitig durch die Trennung überfordert wird. Neben der individuellen Empfindlichkeit des Kindes zum Zeitpunkt der Trennung sind Alter und Entwicklungsstand bedeutsam. Während bei einem Säugling bereits die kurzzeitige Nichtverfügbarkeit der Mutter, des Vaters oder einer anderen wichtigen Bindungsperson zu einem Gefühl großer Hilflosigkeit und Ver-

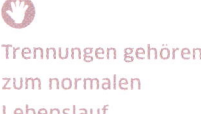

Trennungen gehören zum normalen Lebenslauf.

lassenheit führen kann, erweitert sich mit zunehmendem Alter das Zeitverständnis und damit die Toleranz für überschaubare Trennungen. Besonders trennungsempfindlich sind Kinder im Alter zwischen etwa sechs Monaten und zwei Jahren. In dieser Zeit binden sie sich intensiv an ihre wichtigsten Bezugspersonen und zugleich ist ihr Verständnis für Zeit, Dauer und die Gründe von Trennungen noch nicht sehr entwickelt.

In jedem Entwicklungsalter können Kinder vorübergehende Trennungen gut verkraften und sogar von ihnen profitieren, wenn sich damit für sie neue und interessante Erfahrungen verbinden, die sie sicher erkunden können. Entscheidend ist, dass die Übergänge allmählich erfolgen und eine Eingewöhnung stattfindet.

Worauf Sie als Eltern bei Trennungen achten sollten

> Bereiten Sie Ihr Kind auf eine bevorstehende Trennung vor, z. B. durch vorhergehende Besuche sowie Informationen des Kindes über Dauer und Ablauf der Trennung.
> Planen Sie ausreichend Zeit ein für die Eingewöhnung des Kindes (s. S. 63 ff.).
> Geben Sie Ihrem Kind etwas mit, wodurch es an Sie als Eltern und an sein Zuhause erinnert wird (ein sogenanntes Übergangsobjekt, z. B. ein Kuscheltier).
> Verabschieden Sie sich von Ihrem Kind und achten Sie darauf, dass eine dem Kind bereits vertraute Person (z. B. eine Erzieherin oder Tagesmutter) beim Abschied dabei ist und sich um Ihr Kind kümmert.
> Begrüßen Sie Ihr Kind bei Ihrer Rückkehr freundlich und zeigen Sie Verständnis dafür, wenn das Kind möglicherweise berichtet, dass es Sie vermisst hat. Bagatellisieren Sie den Trennungsschmerz Ihres Kindes nicht.

Frühe Tagesbetreuung: Wie früh? Wie viel?

Das Kind hat die Möglichkeit, zu ein oder zwei Menschen (in der Regel Mutter und Vater) eine intensive und sichere Bindung aufzubauen, der kleine Kreis ergänzender Bindungspersonen (z. B. Erzieherin oder Tagesmutter, Oma und Babysitterin) ist überschaubar und stabil: Sind diese Bedingungen vorhanden, gibt es keinen »zu frühen« Beginn der Tagesbetreuung. Ergänzende Bezugspersonen können dem Kind schon bald nach der Geburt angeboten werden. Allerdings sollte deren Zahl – einschließlich der Eltern – nicht zu groß sein (im ersten Lebensjahr möglichst nicht mehr als zwei oder drei, im zweiten und dritten Lebensjahr möglichst nicht mehr als vier oder fünf) und bei Einführung neuer Personen ausreichend Zeit zum Kennenlernen und für Übergänge bestehen.

Die tägliche und wöchentliche Dauer der Tagesbetreuung kann stark variieren. Lange Betreuungszeiten sind für das Kind nicht in jedem Fall mit Gefahren verbunden. Wichtiger als die Dauer der Betreuung sind Zuverlässigkeit und Stabilität der Betreuungspersonen und der Rahmenbedingungen. Das Kind sollte nicht zu vielen Reizen ausgesetzt sein und andererseits ausreichend Anregung bekommen. Bedacht werden muss allerdings, dass frühe und lange Betreuungszeiten dazu führen können, dass die für das Kind dann sehr wichtigen Betreuungspersonen wie z. B. eine Tagesmutter oder eine Oma aufgrund ihrer großen emotionalen Bedeutung selbst zu Hauptbindungspersonen werden. Mögliche Wechsel können deshalb zu einer großen Belastung werden. Wenn Eltern weiter die Hauptbindungspersonen für ihr Kind bleiben wollen, dann sollten sie ihr Kind im ersten Lebensjahr möglichst nur wenige Stunden am Tag von anderen betreuen lassen.

Beginn und Dauer früher Tagesbetreuung

Es gibt keinen »zu frühen« Beginn der Tagesbetreuung. Ergänzende Bezugspersonen können dem Kind schon bald nach der Geburt angeboten werden.

Wichtig ist, dass die Zahl der das Kind betreuenden Personen nicht zu groß ist (im ersten Lebensjahr möglichst nicht mehr als zwei oder drei, im zweiten und dritten Lebensjahr nicht mehr als vier oder fünf) und bei Einführung neuer Personen ausreichend Zeit zum Kennenlernen und für Übergänge besteht.

Wichtiger als die Dauer der Betreuung sind Zuverlässigkeit und Stabilität der Betreuungspersonen und der Rahmenbedingungen.

Wenn Eltern die Hauptbindungspersonen für ihr Kind bleiben wollen, sollten sie die Betreuungszeiten im ersten Lebensjahr des Kindes gering halten und diese im Verlauf des zweiten Lebensjahres steigern.

Frühbetreuung: Chancen und Risiken

Die Frage, ob frühe außerhäusliche Tagesbetreuung für ein Kind förderlich ist oder seine gesunde Entwicklung gefährdet, spaltete lange Zeit Eltern, Fachleute und auch die Gesellschaft insgesamt. Besonders heftig wurde die Diskussion in Deutschland geführt, da hier nach der Wiedervereinigung völlig unterschiedliche biografische Erfahrungen aufeinanderprallten. Die häufig ideologisch aufgeladene Debatte war auch dadurch erschwert, dass wissenschaftliche Erkenntnisse jahrzehntelang kaum zur Verfügung standen. Dies hat sich teilweise geändert, vor allem dank der umfangreichen Ergebnisse aus einer vom amerikanischen Gesundheitsministerium in Auftrag gegebenen und vom NICHD (National Institute of Child Health and Human Development) koordinierten repräsentativen Langzeitstudie. Im Folgenden werden die wichtigsten Ergebnisse dieser Studie zusammengefasst.

Anfälligkeit für Erkrankungen

Die Wahrscheinlichkeit von Atemwegserkrankungen und Ohrenentzündungen war bei tagsüber in einer Gruppe betreuten Kindern deutlich höher als bei Kleinkindern, die ausschließlich zu Hause waren. Dies galt besonders für Ein- und Zweijährige. Je größer die Anzahl der Kinder in einer Gruppe war, desto häufiger war ein Kind in diesem Alter krank. Im dritten Lebensjahr erkrankten am häufigsten diejenigen Kinder, die bis dahin ausschließlich familienbetreut waren. Im Falle einer früh beginnenden Betreuung wurden Kinder demnach auch früh resistent gegenüber weiteren Ansteckungserkrankungen. Ein Zusammenhang zwischen häufigen Erkrankungen in den ersten Lebensjahren aufgrund früher Tagesbetreuung und späteren Entwicklungsrückständen oder gar Verhaltensproblemen konnte jedoch nicht festgestellt werden.

Sicherheit der Mutter-Kind-Bindung

Es zeigte sich, dass die für das Kind so wichtige Qualität der Bindung zu seiner wichtigsten Bindungsperson (in der Regel die Mutter) ausschließlich von der Feinfühligkeit (s. S. 22) der Mutter abhing, unabhängig davon, ob das Kind in den ersten Lebensjahren zusätzlich außerhäuslich betreut wurde oder nicht. Sie brauchen sich als Eltern demnach keine Sorgen zu machen, dass eine frühe Tagesbetreuung die Sicherheit Ihrer Bindung an das Kind beeinträchtigt.

Intellektuelle und sprachliche Förderung

Der Erwerb von Denk- und Sprachfähigkeit hing sowohl von der Feinfühligkeit als auch vom stimulierenden Umgang durch die Eltern bzw. Erzieherinnen ab. Während die Feinfühligkeit vor allem im ersten Lebensjahr im häuslichen Milieu besser gewährleistet war, hatten beim stimulierenden Umgang die Betreuungseinrichtungen die Nase vorn. Einigkeit besteht darüber, dass für

Auch jüngere Kinder können schon etwas miteinander anfangen.

die intellektuelle und sprachliche Förderung die Qualität sowohl des häuslichen als auch des außerhäuslichen Milieus entscheidend ist und dass Kinder aus anregungsarmen Familien von zusätzlicher Förderung in einer Krippe oder bei einer Tagesmutter deutlich profitieren.

Sozial auffälliges Verhalten

Besonders umstritten war die Frage, ob frühe Tagesbetreuung Kinder aggressiver und sozial auffälliger macht. Die Ergebnisse der amerikanischen Studie zeigen, dass Kinder, die sehr früh täglich viele Stunden in einer Krippe betreut wurden, zu problematischen Verhaltensweisen neigten, die auch zu späteren Zeitpunkten (im vierten und zwölften Lebensjahr) nachweisbar waren. Ihr Aggressionspegel war höher, wenn auch weiterhin im nicht behandlungsbedürftigen Normbereich. Eine Interpretation dieser Befunde legt nahe, dass die Risiken für sozial auffälliges Verhalten vor allem in Einrichtungen schlechter Qualität

bestehen, die z.B. aufgrund von Personalmangel das Gruppengeschehen nicht in den Griff bekommen. Um diese Risiken zu
minimieren, muss also für eine gute Qualität in Krippen und
Tagespflegestellen gesorgt werden.

Ist mein Kind reif für frühe Betreuung?

Frühe Tagesbetreuung bietet dem Kind die Chance, seinen Horizont zu erweitern. Es kommt mit anderen Kindern zusammen
und erlebt zahlreiche neue Anregungen, die seinem Erkun-
dungsdrang entsprechen und seinen Wissensdurst befriedigen.
Zugleich jedoch kann die Vielfalt der neuen und ungewohnten
Einflüsse bei ihm Ängste hervorrufen und seine Anpassungsfähigkeit überfordern. Im schlimmsten Fall führt dies dazu, dass
das Kind mit Verstörung reagiert, die Tagesbetreuung ablehnt
oder sogar Entwicklungsnachteile erleidet.

Anforderungen an das Kind beim Übergang in Tagesbetreuung

> Das Kind muss lernen, sich von seinen Eltern vorübergehend zu
> trennen und während einiger Stunden tagsüber ohne sie zurecht-
> zukommen.
> Es muss Vertrauen zu den Bezugspersonen gewinnen, sich von ih-
> nen pflegen und versorgen lassen und neue Bindungen aufbauen.
> Vom Kind wird erwartet, sich in einer zunächst fremden Umge-
> bung zu orientieren und einen veränderten Tagesablauf zu akzep-
> tieren.
> Es muss im Vergleich zum häuslichen Milieu mehr Reize und einen
> höheren Lärmpegel ertragen.
> Das Kind muss seinen Platz in einer Gruppe finden, Beziehungen
> zu den anderen Kindern aufbauen und Konflikte lösen.
> Es muss Erwachsene sowie Räume und Spielzeug mit anderen
> Kindern teilen und Frustrationen aushalten.

In jedem Fall wird beim Wechsel in Tagesbetreuung vom Kind eine große Anpassungsleistung gefordert, die vorbereitet und unterstützt werden muss.

Ob ein Kind diesen Anforderungen gewachsen ist und wann der günstigste Zeitpunkt für den Übergang in Tagesbetreuung ist, hängt nicht allein vom Kind selbst und seiner individuellen Belastbarkeit ab. Auch die Fähigkeit von Ihnen als Eltern, Ihr Kind feinfühlig beim Übergang zu begleiten, und die Bereitschaft der Erzieherinnen oder der Tagesmutter, den Wechsel zu unterstützen, sind wichtig. Insgesamt geht es um das Zusammenspiel zwischen Kind, Eltern und Erzieherinnen bzw. Tagesmutter, das über Erfolg oder Misserfolg entscheidet.

Aufseiten des Kindes gibt es eine Reihe von Eigenschaften und Erfahrungen, die den Wechsel in Tagesbetreuung erleichtern oder erschweren. Nicht auf alle Bedingungen haben Eltern Einfluss. An erster Stelle sind hier eine gewisse körperliche und seelische Stabilität des Kindes sowie dessen Temperament und seine Charaktereigenschaften zu nennen. Kinder, die offen sind für Neues, sich für andere Kinder interessieren und insgesamt weder allzu schüchtern noch umgekehrt schnell erregbar sind, haben es leichter als diejenigen, die eher verschlossen sind, sich schnell zurückziehen oder sich besonders leicht irritieren lassen.

Weiterhin spielen die Vorerfahrungen des Kindes in puncto Bindung und Trennung eine wichtige Rolle. Wenn das Kind bereits eine gefestigte Bindung an seine Eltern aufbauen konnte, dann wird es von dieser sicheren Basis aus offen und bereit sein für neue Erfahrungen. Sofern dieser Bindungsaufbau jedoch noch nicht abgeschlossen ist, kann es durch die mit einer Tagesbetreuung verbundene Trennungsanforderung möglicherweise (noch) überfordert sein. Schließlich macht es einen Unterschied, ob das

Kind bereits vorübergehende Trennungen (z. B. durch den Einsatz eines Babysitters oder die Betreuung durch die Großeltern) erfolgreich bewältigt hat oder ob mit dem Übergang in Tagesbetreuung die erste bedeutsame Trennung von den Eltern verbunden ist.

Checkliste: Ist mein Kind reif für frühe Betreuung?

Die folgenden Fragen können dabei helfen, die Belastungsfähigkeit Ihres Kindes einzuschätzen:

✓ Kann mein Kind eine sichere Bindung an zumindest einen Elternteil aufbauen?

✓ Wie reagiert es auf kurzzeitige Trennungen und hat es vorübergehende Abwesenheiten der Eltern bereits erfolgreich bewältigt?

✓ Ist mein Kind körperlich und seelisch stabil?

✓ Betrachtet es ungewohnte und zunächst fremde Situationen als interessante Herausforderung oder zieht es sich schnell zurück?

✓ Interessiert es sich für andere Kinder und ist es offen für neue Erfahrungen?

✓ Ist mein Kind durch Umweltreize leicht irritierbar und wie geht es mit Stress um?

✓ Kann es in belastenden Situationen Hilfe von anderen akzeptieren?

Jedes Kind ist anders und die Belastungsfähigkeit Ihres Kindes kann sehr unterschiedlich sein. Daher ist die Entscheidung über den richtigen Zeitpunkt für den Übergang in frühe Tagesbetreuung nur unter Berücksichtigung sämtlicher Umstände im Einzelfall zu treffen. Wenn Sie unsicher sind, ob Ihr Kind den Anforderungen der Tagesbetreuung gewachsen ist, sollten Sie den Rat eines Kinderarztes einholen oder sich in einer Erziehungs- und Familienberatungsstelle beraten lassen. Auch der Austausch mit erfahrenen anderen Eltern kann hilfreich sein.

Voraussetzungen für frühe Tagesbetreuung

> Normalerweise können Kinder von früher Tagesbetreuung profitieren und diese als Erweiterung ihres Horizonts erfahren. Voraussetzung dafür ist, dass das Kind gefestigte Bindungen an zumindest einen Elternteil aufbaut und die Erzieherin bzw. die Tagesmutter zu einer ergänzenden Bindungsperson wird.

> Insgesamt muss ein verlässliches Netzwerk vertrauter Beziehungen vorhanden sein, das eine kleine Anzahl von Personen umfasst. Ein besonders günstiger Zeitpunkt für den Beginn früher Tagesbetreuung existiert nicht. Allerdings sollten die Eltern ausreichend verfügbar sein, damit sie ihre Rolle als Hauptbindungspersonen für das Kind wahrnehmen können.

> Besonders empfindlich für Trennungen sind Kinder im Alter zwischen etwa sechs Monaten und drei Jahren. In dieser Zeit findet ein intensiver Bindungsaufbau statt. Vorbereitung von Trennungen und sanfte Übergänge sind jetzt sehr wichtig.

> Ein Kind ist reif für den Übergang in frühe Tagesbetreuung, wenn es körperlich und seelisch stabil ist, auch in zunächst fremden Situationen Neugier zeigt und sich für andere Kinder interessiert.

Krippe, Tagesmutter, Kinderfrau, Au-pair, Babysitter

Sie erfahren in diesem Kapitel mehr über die Besonderheiten verschiedener Formen früher Tagesbetreuung.

Frühe Tagesbetreuung für Kinder ist in vielen Formen möglich. Sie kann in einer Institution, in einem anderen privaten Haushalt oder bei Ihnen zu Hause stattfinden. Je nachdem erfolgt die Betreuung durch ausgebildete Erzieherinnen, gering qualifiziertes Personal oder durch Menschen gänzlich ohne pädagogische Qualifizierung. Der zeitliche Umfang kann lang dauernd und regelmäßig oder aber kurzzeitig und je nach Bedarf sein.

Welche Lösung für Sie passt, hängt von den Bedürfnissen Ihres Kindes, Ihren pädagogischen Ansprüchen und von Ihrem Bedarf hinsichtlich Umfang und zeitlicher Flexibilität ab. Nicht zuletzt spielen die finanziellen Möglichkeiten eine Rolle, denn die Kosten für frühe Tagesbetreuung unterscheiden sich erheblich.

Jonas und Laura: Krippe oder Tagesmutter, das ist nun die Frage. Unsere Eltern haben sich beides angesehen. Erst waren sie beim Tag der offenen Tür in der Krippe, und wenig später haben sie sich eine Tagespflegestelle angeschaut. In der Krippe gab es mehr Kinder, ein großes Freigelände mit vielen Spielgeräten und sogar einen männlichen Erzieher. Bei der Tagesmutter war es gemütlicher. Fast wie zu Hause. Warum können sich unsere Eltern nur so schwer entscheiden? Beide Möglichkeiten haben doch ihre Reize. Wir raten ihnen: Checkliste ausfüllen, Vor- und Nachteile bewerten und dann nur Mut. Auch ein bisschen Bauchgefühl kann bei ihrer Entscheidung dabei sein. Schließlich soll es jetzt bald losgehen. Eure Jonas und Laura.

Krippe: professionelle Betreuung in der Gruppe

Eine Krippe ist für Kinder zwischen null und drei Jahren da. Zumeist sind Krippen Bestandteil einer Kindertageseinrichtung, in der auch ältere Kinder (Kindergarten und Hort) betreut werden. In vielen Fällen findet die Betreuung altersgemischt statt, d.h., Kinder unter drei und Kinder über drei Jahren sind gemeinsam in einer Gruppe. Eine solche Altersmischung ist besonders in Einrichtungen verbreitet, die Kinder erst ab dem Alter von zwei Jahren aufnehmen.

Für Krippen gilt ein sogenanntes Fachkräftegebot, d.h., die Betreuung erfolgt durch Erzieherinnen (Ausbildung zumeist in Fachschulen) oder Kinderpflegerinnen (Ausbildung in Berufsfachschulen). Ausgebildete Sozialpädagoginnen (Fachhochschule, Bachelor-Studiengänge) sind noch selten. Der

Anteil männlicher Erzieher liegt bei unter zehn Prozent. Die Gruppengröße und die Anzahl der Kinder pro Erzieherin variieren sehr stark von Ort zu Ort. Bei günstigen Bedingungen kommt eine Erzieherin auf vier bis fünf Kinder, im ungünstigen Fall muss die Erzieherin sieben oder noch mehr Kinder betreuen.

Die Öffnungszeiten werden durch den Träger der Einrichtung festgelegt und sind meist auf die Zeit zwischen ca. 7 und 17 Uhr beschränkt. Darüber hinausgehende flexible Betreuungszeiten werden nur selten angeboten. Abgesehen von eventuellen Schließzeiten z.B. in den Sommerferien oder zwischen Weihnachten und Neujahr findet die Betreuung in der Regel sehr zuverlässig statt.

Wie alle Kindertageseinrichtungen sind Krippen gesetzlich verpflichtet, eine pädagogische Konzeption als Grundlage für die Erfüllung des Förderauftrags vorzuweisen. Die Finanzierung einer Krippe erfolgt in der Regel gemeinsam durch das Land, den örtlichen Träger der öffentlichen Jugendhilfe (Jugendamt bzw. Kreisjugendamt) und den Einrichtungsträger. Üblicherweise werden die Eltern einkommensabhängig an den Kosten beteiligt: Wer z.B. als Familie über ein Einkommen von 3.500 Euro monatlich verfügt, kann mit einem durchschnittlichen Beitrag von 200 Euro für ein Kind rechnen.

Die Eltern werden in der Regel einkommensabhängig an den Kosten beteiligt.

In sämtlichen Bundesländern existieren Erziehungs- und Bildungspläne für Kindertageseinrichtungen. Darin werden Lernbereiche und Bildungsziele sowie weitere Eckpunkte vorgegeben, an denen Eltern bei Interesse prüfen können, ob ihnen dieses Angebot zusagt. Als Rahmenpläne sind sie verbindlich, ihre konkrete Ausgestaltung lässt den Einrichtungen vor Ort jedoch große Freiheiten.

Tagesmütter: familienähnlich und flexibel

Tagesmütter dürfen – zusätzlich zu den eigenen Kindern – bis zu fünf gleichzeitig anwesende fremde Kinder betreuen. Tatsächlich sind es meistens weniger. Die Gruppe ist klein und familienähnlich, die Atmosphäre in der Regel familiär. Mehr als in einer Krippe kann eine Tagesmutter sich jedem Kind individuell zuwenden. Tagespflegestellen haben denselben gesetzlichen Förderauftrag wie Krippen; er umfasst Erziehung, Bildung und Betreuung und bezieht sich auf die soziale, emotionale, körperliche und geistige Entwicklung des Kindes.

Tagesmütter müssen keine pädagogische Ausbildung vorweisen. Sie sollen jedoch über vertiefte Kenntnisse hinsichtlich der Anforderungen der Kindertagespflege verfügen, die sie in qualifizierten Lehrgängen erworben oder auf andere Weise nachgewiesen haben. Viele von ihnen haben eine pädagogische Grundqualifizierung absolviert und nehmen an Fortbildungen teil.

Bei der Tagesmutter gibt es manchmal Familienanschluss und ein jüngeres Kind.

In der Regel arbeiten Tagesmütter allein, ohne Anbindung an eine feste Struktur. Nur ein Teil von ihnen kooperiert mit Vereinen, in denen sie sich wechselseitig austauschen. Umfangreiche konzeptionelle Vorgaben existieren nicht. Gesetzlich vorgesehen sind Beratung und Begleitung durch die örtlichen Jugendämter, allerdings fehlen vielerorts die entsprechenden Strukturen.

Die Verantwortung liegt bei der Tagespflegeperson, sie ist als Selbstständige tätig. Auch hier werden die Eltern entsprechend ihrem Einkommen an den Kosten beteiligt.

Checkliste: Krippe oder Tagesmutter?
Gesichtspunkte für die Betreuung in einer Krippe:

✓ Eine Krippe bietet die Vorteile einer Institution: Die Abläufe sind klar geregelt. Es gibt ein schriftliches Konzept. Die Kontinuität der Betreuung im Rahmen der Öffnungszeiten ist weitgehend gesichert. Der Ausfall einer Erzieherin wird intern ausgeglichen.

✓ Die Erzieherinnen sind ausgebildete Fachkräfte. Für Fortbildung und Qualitätssicherung wird gesorgt.

✓ In allen Bundesländern existieren verbindliche Erziehungs- und Bildungsrahmenpläne.

✓ Das Kind hat eine gewisse Auswahl unter mehreren Erzieherinnen. Es besteht die Möglichkeit vielfältiger Kontakte zu Gleichaltrigen, in vielen Einrichtungen auch zu älteren bzw. jüngeren Kindern.

✓ Die Eltern haben Gelegenheit zum Austausch untereinander, z. B. im Rahmen von Elternabenden oder bei Mitmachaktionen. Einige Kindertageseinrichtungen haben sich zu Familienzentren entwickelt und bieten zusätzliche Angebote wie Beratung, Elternkurse, Tauschbörse an.

Gesichtspunkte für die Betreuung bei einer Tagesmutter:

✓ Tagesmütter bieten die Vorteile eines privaten Haushalts: Die Atmosphäre ist familiär. Eine persönliche Handschrift ist erkennbar. Sämtliche Abläufe sind weniger festgelegt und können der jeweiligen Situation angepasst werden.

✓ Die Betreuungszeiten sind im Rahmen vorheriger Absprachen flexibel und können individuell angepasst werden. Eine Betreuung zu ungünstigen Zeiten wie am frühen Morgen oder in den Abendstunden ist in manchen Fällen möglich.

✓ Die Gruppe der Kinder ist klein. Die Tagesmutter kann sich jedem Kind individuell zuwenden. Der Aufbau von Bindungen wird begünstigt.

✓ Zwischen den Kindern entwickeln sich enge Kontakte, die manchmal den Charakter von Geschwisterbeziehungen auf Zeit aufweisen.

Kinderfrau: Betreuung in den eigenen vier Wänden

Eine Kinderfrau – auch Kindermädchen oder Nanny genannt – ist eine Angestellte der Familie, die zumeist über eine qualifizierte Ausbildung in einem pädagogischen oder pflegerischen Beruf verfügt. Die Betreuung des Kindes erfolgt regelmäßig und über einen längeren Zeitraum bei der Familie zu Hause. Nach Absprache werden von der Kinderfrau auch Hausarbeiten, Arztbesuche des Kindes etc. erledigt.

Eine Kinderfrau ist auf Vollzeit- oder Teilzeitbasis angestellt, im Rahmen einer geringfügigen Beschäftigung oder mit Lohnsteuerkarte. Die Eltern sind zugleich Arbeitgeber und müssen dementsprechend auch in Ausfallzeiten wie Urlaub oder Krankheit Lohn zahlen. Die Tätigkeit unterliegt den allgemeinen arbeits- und sozialrechtlichen Bestimmungen. Der Abschluss einer Unfallversicherung ist unbedingt erforderlich.

Die Betreuung zu Hause durch eine Kinderfrau ist für alle Beteiligten mit großer emotionaler Nähe verbunden. Die Kinderfrau erhält einen vertieften Einblick in die Familie. Daraus kann sich ein Vertrauensverhältnis entwickeln, aber auch das Risiko von Konflikten ist vorhanden. Wegen der besonderen Exklusivität entsteht zwischen dem Kind und seiner Kinderfrau in der Regel eine intensive Bindung. Eventuell notwendige Wechsel sollten daher möglichst langfristig geplant und sorgfältig vorbereitet werden.

Kinderfrau: Was Sie beachten sollten

Die Anstellung einer Kinderfrau, eine sehr individuelle und flexible Lösung, funktioniert nur auf Basis eines besonderen Vertrauensverhältnisses.

Da Sie als Eltern zugleich Arbeitgeber sind, müssen Sie für sämtliche Kosten des Arbeitsverhältnisses (einschließlich des Arbeitgeberanteils) aufkommen. Diese Lösung ist daher relativ teuer; sie bietet allerdings für Besserverdienende auch steuerliche Vorteile. Vor Vertragsabschluss sollte ein ausführliches Vorstellungsgespräch stattfinden. Sehr zu empfehlen ist, von den Bewerbern Lebenslauf, polizeiliches Führungszeugnis, ärztliches Attest sowie gegebenenfalls schriftliche Referenzen anzufordern.

Die Anstellung einer Kinderfrau bedeutet viel Einarbeitung und Aufmerksamkeit, um die Rechte und Pflichten im engen familiären Rahmen genau festzulegen. Es muss eine Phase des Kennenlernens zwischen Kind und Kinderfrau eingeplant werden.

Au-pair: Hilfe für begrenzte Zeit

Au-pair bedeutet »auf Gegenseitigkeit«. Au-pairs sind junge Erwachsene zwischen 18 und maximal 24 Jahren aus dem Ausland, die Kinder in der Familie betreuen und bei der Hausarbeit mithelfen. Im Gegenzug lernt das Au-pair Sprache und Kultur des Gastlandes kennen. Au-pairs bewerben sich vor allem aus Osteuropa, kaum aus Ländern der EU und aus den USA. Es gibt anerkannte Au-pair-Vermittlungsstellen, die sich für die Einhaltung von Qualitätsstandards einsetzen (s. Adressen im Anhang).

Ein Au-pair bleibt bis zu zwölf Monate in Deutschland und lebt in einem eigenen Zimmer im Haushalt der Familie. Die Anreisekosten bis zur Gastfamilie und zurück trägt das Au-pair.

Die Arbeitszeit ist gesetzlich auf 30 Stunden pro Woche begrenzt. Unterkunft und Verpflegung sind frei, zusätzlich wird ein Taschengeld in Höhe von mindestens 260 Euro pro Monat gezahlt, angemessen sind ca. 350 Euro. Ein Au-pair hat Anspruch auf ei-

nen freien Nachmittag, einen ganzen freien Tag pro Woche und auf Urlaub, der bei einem vollen Jahr vier Wochen beträgt. In ihrer Freizeit haben Au-pairs die Möglichkeit, an einem Deutsch-Sprachkurs teilzunehmen sowie kulturelle Veranstaltungen zu besuchen.

Au-pair: Worauf Sie achten sollten

Die Aufnahme eines Au-pairs in die eigene Familie bietet eine flexible und individuelle Möglichkeit der Betreuung, ist jedoch auf maximal ein Jahr begrenzt. Durch das Zusammenleben unter einem Dach entsteht zwischen Kind und Betreuerin eine enge Beziehung. Entsprechend schwer kann anschließend die Trennung sein.

Au-pairs aus fernen Ländern können den Familienalltag bereichern. Aber auch kulturell bedingte Missverständnisse oder sogar Konflikte sind möglich. In jedem Fall sollten die Rechte und Pflichten (u. a. Erziehungsvorstellungen, Nutzung von Internet und Telefon) genau abgesprochen werden. Für Au-pairs existieren eigene gesetzliche Bestimmungen. Sie sind keine Hausangestellten, sondern begründen ein »Betreuungsverhältnis besonderer Art«, das weder der Lohnsteuer- noch der Sozialversicherungspflicht unterliegt. Im Vergleich zu einer Kinderfrau sind die Kosten daher relativ niedrig. Allerdings muss ein extra Zimmer zur Verfügung gestellt werden. Bestimmte pädagogische Kenntnisse sind nicht erforderlich. Viele Au-pairs verfügen jedoch über Erfahrungen im Babysitten oder in der Betreuung von Geschwistern. Häufig sind ihre Deutschkenntnisse anfangs gering. Anerkannte Au-pair-Vermittlungen übernehmen die Vertragsabwicklung und können Referenzen und Nachweis über Deutschkenntnisse des Au-pairs einholen.

Au-pairs müssen sorgfältig angeleitet und eingearbeitet werden. Häufig übernehmen die Gasteltern bei Konflikten des Au-pairs auch pädagogische Verantwortung. Sowohl eine Kennenlern- als auch eine Abschiedsphase sind für alle Beteiligten wichtig.

Babysitter: Unterstützung auf Abruf

Ein Babysitter betreut Kinder für einige Stunden bei der Familie zu Hause. Die Betreuung findet in der Regel öfter statt, häufig abends, aber nicht während der Arbeitszeiten der Eltern. Babysitter sind meist Jugendliche oder junge Erwachsene, die sich etwas hinzuverdienen wollen. Ihr Einsatz ist sehr flexibel und nach Absprache möglich. Bedenken Sie, dass Sie besonders in den Abendstunden die oft noch jugendlichen Babysitter abholen und zurückbringen müssen.

An vielen Orten bestehen Babysitter-Vermittlungsdienste, die Mustervereinbarungen bereitstellen und eventuell Lebenslauf, polizeiliches Führungszeugnis, ärztliches Attest sowie Referenzen einholen. Für Babysitter fallen je nach Region Kosten in Höhe von sechs bis zehn Euro pro Stunde an, zuzüglich Vermittlungsgebühr und gegebenenfalls Fahrtkosten.

Mit einem Diplom sind Heranwachsende schon recht sicher im Umgang mit einem Kleinkind.

Eine pädagogische Qualifizierung ist nicht erforderlich. Viele Babysitter verfügen aber über Erfahrungen in der Betreuung von Kindern. Zahlreiche Familienbildungsstätten und auch das Deutsche Rote Kreuz (DRK) bieten Babysitterkurse an, die mit einem »Babysitterdiplom« abschließen. Inhalte einer solchen Kurzausbildung sind ein Erste-Hilfe-Kurs am Kind sowie die Vermittlung von Grundkenntnissen über Ernährung, Pflege und Entwicklung von Säuglingen und Kleinkindern.

Checkliste für Babysitter

Neben ausreichend Zeit zum Kennenlernen von Kind, Eltern und Haushalt benötigen Babysitter alle wichtigen Informationen schriftlich auf einen Blick:

- ✓ Name, Adresse, Telefon und Erreichbarkeit der Eltern und eventuell weiterer Kontaktpersonen
- ✓ Adressen und Telefonnummern von Hausarzt, Notarzt, Krankenhaus, Giftnotdienst, Taxizentrale
- ✓ Lage des Erste-Hilfe-Sets, eventuell auch von Rauchmelder und Feuerlöscher
- ✓ Medizinische Besonderheiten des Kindes, z. B. Allergien
- ✓ Eventuelle Einnahme von Medikamenten
- ✓ Gewohnheiten des Kindes (z. B. Bettzeiten, Einschlafritual, Kuscheltier)
- ✓ Vorlieben und Abneigungen des Kindes hinsichtlich Essen und Spielzeug

Neben Freude am Zusammensein mit Kindern benötigen Babysitter Feinfühligkeit und Verantwortungsbewusstsein. Besonders wenn es um Säuglinge geht, ist eine gewisse Erfahrung notwendig, die jugendliche Babysitter nicht immer mitbringen. Einzuplanen ist in jedem Fall ausreichend Zeit zum Kennenlernen.

Vor- und Nachteile auf einen Blick

> Krippe und Tagespflege, Kinderfrau, Au-pair und Babysit-
ter haben jeweils unterschiedliche Stärken. Je nach Ihrem
Betreuungsbedarf und je nachdem, was Sie für Ihr Kind
wünschen, bietet die eine oder andere Form der Tagesbetreuung für Sie besondere Vor- oder Nachteile. Dabei spielen
auch die finanziellen Möglichkeiten eine Rolle. Das Profil
der unterschiedlichen Angebote zu kennen ist eine wichtige
Voraussetzung für die richtige Auswahl.

> In Krippen sind ausgebildete Fachkräfte tätig. Das Kind
kommt mit vielen Kindern in Kontakt und es bestehen
zahlreiche Möglichkeiten, sich mit anderen Eltern auszutau-
schen.

> Tagesmütter bieten individuelle Betreuung in familiärem
Rahmen an. Die Gruppe der Kinder ist klein. Die Betreuungszeiten können je nach Bedarf angepasst werden.

> Kinderfrau, Au-pair und Babysitter sind sehr individuelle
und flexible Lösungen der Betreuung im eigenen Haushalt.
Sie setzen ein besonderes Vertrauensverhältnis voraus.

Welche Betreuung für mein Kind?

Was sind die wichtigsten Qualitätsmerkmale von Krippe und Tagespflege? Außerdem gibt es Hinweise für das Anmeldegespräch.

Jonas und Laura: Eines ist zumindest jetzt klar. Jonas' Mutter hat beschlossen, dass er in eine Krippe gehen wird. Und Lauras Eltern haben sich für die Tagespflege entschieden. Die Mutter von Jonas ist alleinerziehend. Sie arbeitet als kaufmännische Angestellte, und ihr war sehr wichtig, dass die Betreuung immer zuverlässig funktioniert. Außerdem hat Jonas gern viele Kinder um sich herum. Er blüht dann richtig auf. Lauras Eltern dagegen sind selbstständig. Ihre Arbeitszeiten sind nicht immer planbar. Manchmal kommen sie erst nach 18.00 Uhr nach Hause. Dafür ist einer von ihnen an einigen Tagen in der Woche vormittags zu Hause. Da bietet Tagespflege die flexiblere Lösung. Laura ist auch noch etwas schüchtern. Ihre Eltern haben Angst, dass sie sich in einer Krippe nicht behaupten kann. Unsere Eltern haben sich vom Jugendamt eine Liste mit sämtlichen Krippen und Tagespflegestellen in der Umgebung geben lassen. Ganz schön viele. Jetzt muss verglichen werden. Schließlich soll es für uns nur das Beste sein. Aber wir ahnen schon, dass unsere Eltern da einige Abstriche machen müssen. Eure Jonas und Laura.

Schritt für Schritt entscheiden ...

Die Entscheidung, ob und zu welchem Zeitpunkt Sie Ihr Kind in eine Krippe oder Kindertagespflegestelle geben möchten, benötigt Zeit und Vorbereitung. Als Eltern wissen Sie am besten, was Ihr Kind braucht. Wägen Sie daher frühzeitig die unterschiedlichen Gesichtspunkte ab. Der Prozess von den ersten Überlegungen bis hin zum Übergang Ihres Kindes in die Tagesbetreuung kann in mehrere Einzelschritte unterteilt werden.

Vergleichen Sie die verschiedenen Angebote nach unseren Qualitätskriterien.

Wie stehe ich selbst dazu?
Ihre eigene innere Haltung gegenüber früher Tagesbetreuung hat einen nicht unwesentlichen Einfluss darauf, ob Ihr Kind sich in

der Krippe oder bei einer Tagesmutter wohlfühlt. In einem ersten Schritt sollten Sie sich daher Ihre Einstellung gegenüber Tagesbetreuung bewusst machen und darüber z. B. mit ihrem Partner oder einer anderen Vertrauensperson sprechen. Wie geht es mir mit der Vorstellung, mein Kind tagsüber anderen Personen anzuvertrauen? Ist die Betreuung meines Kindes in einer Krippe oder Kindertagespflegestelle ein von mir gern gegangener Weg, auf dem ich mein Kind begleiten und unterstützen werde? Wann und unter welchen Umständen bin ich dafür bereit? Würde ich frühe Tagesbetreuung meines Kindes lieber vermeiden und handelt es sich um eine Notsituation, die mit äußerem oder innerem Druck oder sogar mit Schuldgefühlen meinem Kind gegenüber belastet ist? Gibt es in diesem Fall Alternativen und welche Vor- und Nachteile sind damit verbunden? Wenn keine andere Lösung zur Verfügung steht, was kann ich tun, damit es meinem Kind dennoch so gut wie möglich geht und eventuelle Nachteile abgemildert werden? Welche zusätzlichen Informationen benötige ich, um zu einer fundierten Entscheidung zu kommen?

Wie stehe ich zu früher Tagesbetreuung?

> Bin ich selbst als Kind in einer Krippe oder bei einer Tagesmutter gewesen?
> Welche Erfahrungen habe ich dort gemacht bzw. wie wurde mir darüber berichtet?
> In welchem Alter wurde ich erstmals regelmäßig tagsüber betreut?
> Welche innere Einstellung habe ich gegenüber früher Tagesbetreuung?
> Bin ich der Auffassung, dass Kinder von früher Betreuung profitieren?
> Empfinde ich Schuldgefühle, wenn ich mein Kind in Tagesbetreuung gebe?

Bei Ihren Überlegungen spielt vermutlich auch eine Rolle, wie Sie als Kind aufgewachsen sind und welche Erfahrungen sie selbst mit Tagesbetreuung gemacht haben. Vielleicht notieren Sie die Vor- und Nachteile unterschiedlicher Lösungen und bewerten sie in ihrer Bedeutung, unter Umständen mithilfe anderer Eltern oder professioneller Beratung.

Welche Angebote gibt es?

Anschließend beginnt die Suche nach der für Ihr Kind am besten geeigneten Einrichtung. Die Nähe zu Ihrem Wohnort und die entstehenden Kosten sollten eine gewichtige, aber nicht ausschließliche Rolle spielen. Am besten ist, wenn Sie sich vorab die Ihnen besonders wichtigen Gütekriterien bewusst machen. Eine Liste sämtlicher vorhandener Angebote vor Ort ist über das zuständige Jugendamt sowie in vielen Fällen im Internet erhältlich.

Wenn möglich, sollten Sie mehrere Angebote miteinander vergleichen und die Vor- und Nachteile abwägen. Manche Einrich-

Meinst du, dass wir Lena schon in die Krippe schicken sollten?

tungen oder deren Träger verfügen über eigene Websites. Viele Einrichtungen und auch Tagespflegepersonen verteilen Informationsbroschüren und bieten Informationsabende oder Schnupperbesuche an, bei denen Sie wichtige Eindrücke gewinnen können. Eine gute Möglichkeit ist auch, nach Elternvertretern zu fragen, um auf diese Weise von den Erfahrungen anderer Eltern zu profitieren. Sprechen Sie bei allen Kontakten Ihre Fragen, Wünsche und Bedenken offen an.

Das Anmeldegespräch

Nächster Schritt ist das Anmelde- oder Aufnahmegespräch. Beide Eltern sollten daran teilnehmen und ausreichend Zeit einplanen. Notieren Sie sich vorab Ihre noch offenen Fragen. Neben dem Austausch von Informationen über das Kind und seine Familie einerseits und das Angebot andererseits sollte die Gestaltung der Eingewöhnung angesprochen werden. Wenn Fragen offen bleiben oder Unsicherheiten weiterbestehen, zögern Sie nicht, Ihre Entscheidung nochmals zu überdenken oder um ein zweites Gespräch zu bitten.

Wichtige Fragen für das erste Gespräch
> Worin bestehen die besonderen Stärken und das Angebotsprofil der Krippe bzw. Kindertagespflegestelle?
> Gibt es ein Leitbild und ein schriftliches Konzept?
> Auf welche Weise findet die Eingewöhnung des Kindes statt?
> Wie sieht es mit der Qualität aus (siehe nächster Abschnitt)?
> Werden Besonderheiten meines Kindes wie z.B. eine Allergie oder Temperamentseigenschaften berücksichtigt?
> Wie wird die Partnerschaft mit den Eltern gestaltet?
> Wie sind die Öffnungszeiten?
> Wie hoch sind die Kosten?

Auf Qualität achten

Ob es Ihrem Kind in der Krippe oder Kindertagespflegestelle gut geht, hängt vor allem von der pädagogischen Qualität ab. Bitte beachten Sie, dass es kaum Einrichtungen gibt, die in allen Punkten eine hohe Qualität aufweisen. In der Realität müssen in den meisten Fällen Kompromisse akzeptiert werden. Dennoch sollten Sie wissen, woran sich gute Qualität zeigt, damit Sie unterschiedliche Angebote miteinander vergleichen und eine bewusste Entscheidung treffen können.

Schriftliches Konzept
Es gibt ein schriftliches Konzept, das ausdrücklich die Altersgruppe der Kinder unter drei Jahren einbezieht. Das Konzept beschreibt das Angebotsprofil und die besonderen Stärken der Einrichtung bzw. der Tagespflegestelle. Es stellt das Wohl der Kinder in den Mittelpunkt und orientiert sich an ihren Grundbedürfnissen und Grundrechten auf eine Förderung ihrer persönlichen Entwicklung. Das Konzept wird den Eltern vor Aufnahme des Kindes unaufgefordert zur Verfügung gestellt.

Anzahl der Kinder pro Erzieherin bzw. Tagespflegeperson
Nicht mehr als vier Kinder im Alter zwischen ein und drei Jahren werden von einer Person betreut. Bei Säuglingen unter einem Jahr ist eine Pädagogin für nicht mehr als zwei Kinder zuständig. Sofern dieser günstige Fachkräfte-Kind-Schlüssel nicht erreicht werden kann, sollten zumindest weitere Erwachsene (z. B. Hilfskräfte oder Praktikanten) ergänzend zur Verfügung stehen.

Anzahl der Kinder in der Gruppe
Gruppen gleichaltriger Kinder (sogenannte altershomogene Gruppen) umfassen bei unter Zweijährigen nicht mehr als sechs,

bei Kindern zwischen zwei und drei Jahren nicht mehr als acht Kinder. Altersgemischten Gruppen gehören nicht mehr als 15 Kinder an, darunter maximal fünf Kinder unter drei Jahren. Tagespflegepersonen dürfen laut Gesetz in der Regel nicht mehr als fünf Kinder gleichzeitig betreuen.

Ausbildung der Pädagoginnen

Während Tagespflegepersonen bisher keine pädagogische Ausbildung nachweisen müssen – jedoch über Kenntnisse im Bereich der Frühpädagogik verfügen sollen –, reicht das Ausbildungsniveau bei Erzieherinnen vom Besuch einer Fachschule bis

In altersgemischten Gruppen können ältere Kinder den jüngeren manches zeigen.

zum Hochschulabschluss. Auf jeden Fall sollten spezifische, auf diese Altersgruppe bezogene entwicklungspsychologische, pädagogische, pflegerische und gesundheitsbezogene Kenntnisse sowie entsprechende Berufserfahrung vorhanden sein.

Räumliche Voraussetzungen

Die Räume sind freundlich, ausreichend groß und kindgerecht ausgestattet. Neben dem Gruppenraum stehen ein Schlafraum, Sanitärräume und ein Außengelände zur Verfügung. Die Räumlichkeiten bieten sowohl ausreichende Freiflächen für freies Spiel und Bewegungsaktivitäten als auch Ausruh- und Rückzugsbereiche.

Individuelle Eingewöhnung

Jedes Kind wird individuell und unter Einbezug der Eltern eingewöhnt. Vor Aufnahme des Kindes werden die Eltern über die Notwendigkeit der Eingewöhnung, den genauen Ablauf und über ihre aktive Mitwirkung informiert.

Übergang in eine Kindertageseinrichtung (für Kinder in Tagespflege)

Der Übergang des Kindes in eine Kindertageseinrichtung wird von der Tagespflegeperson unter Beteiligung des Kindes, der Eltern und der zukünftigen Erzieherinnen sorgfältig geplant und vorbereitet.

Beziehungsvolle Pflege

Die Betreuungspersonen sind bereit und in der Lage, die Bedürfnisse und Signale jedes Kindes wahrzunehmen, sie richtig zu interpretieren und darauf angemessen zu reagieren. Aufmerksamkeit, Feinfühligkeit und die Bereitschaft und Fähigkeit zu wertschätzendem Dialog sind Kennzeichen der Bildung, Erziehung und Betreuung.

Demokratische Erziehungshaltung

Die Erzieherinnen bzw. Tagespflegepersonen vertreten eine demokratische Erziehungshaltung. Sie setzen altersangemessene Grenzen, ohne die Kinder zu bestrafen oder seelisch zu verletzen.

Struktur und Flexibilität im Tagesablauf

Bei der Gestaltung des Tagesablaufs besteht ein ausgewogenes Verhältnis zwischen einer klaren und überschaubaren Struktur und der notwendigen Flexibilität. Begrüßung und Verabschiedung, Mahlzeiten, Zeiten für strukturierte und freie Aktivitäten sowie Ruhe- und Schlafzeiten sind altersgerecht aufeinander abgestimmt und ausreichend veränderbar. Die Bedürfnisse jedes einzelnen Kindes und der Kindergruppe insgesamt werden gleichermaßen und ausgewogen berücksichtigt.

Individuelle Förderung

Die Angebote und Aktivitäten sind altersgerecht, beziehen sich auf sämtliche Bereiche frühkindlicher Bildung (u. a. emotionale, geistige, kreative, motorische, musikalische, soziale, sprachliche und religiöse Bildung) und ermöglichen die individuelle Förderung jedes Kindes. Die Förderung und Pflege von Kindern mit chronischen Gesundheitsstörungen oder besonderem Entwicklungsbedarf werden eng mit den Eltern und den medizinischen Diensten und Einrichtungen abgestimmt.

Gesunde Ernährung

Das Essensangebot ist ausgewogen und gesund. Die Mahlzeiten werden kindgerecht gestaltet.

Schutz der Kinder vor Gefährdungen

Die Erzieherinnen bzw. Tagespflegepersonen nehmen Hinweise auf Gesundheitsgefahren, Gewalt und Vernachlässigung wahr.

Sie sprechen darüber frühzeitig mit den Eltern und wirken auf geeignete Hilfen hin.

Freundschaften zwischen den Kindern

Kontakte, Spielpartnerschaften und Freundschaften zwischen den Kindern werden unterstützt und gefördert.

Altersgerechte Beteiligung

Die Kinder begegnen Regeln und Ritualen, die sie zugleich beeinflussen können. Sie werden an den sie betreffenden Entscheidungen entsprechend ihrem Alter und ihrer Reife angemessen beteiligt.

Beobachtung und Dokumentation

Beobachtung der Kinder und Dokumentation sind Bestandteil der pädagogischen Arbeit. Die Beobachtungen sind Grundlage für den Dialog mit den Kindern und die Gespräche mit den Eltern. Der Schutz persönlicher Daten wird dabei gewahrt.

Einbeziehung der Familien

Mütter und Väter sowie weitere Familienangehörige sind in der Einrichtung bzw. in der Tagespflegestelle willkommen. Es bestehen ausreichend Raum und Zeit für die Übergabesituationen. Für die Eltern gibt es ausgewiesene Sprechzeiten.

Erziehungs- und Bildungspartnerschaft

Anhand ausgewerteter Beobachtungen wird regelmäßig mindestens zweimal jährlich (bei Kindern bis zu zwei Jahren häufiger) über die verschiedenen Bereiche der Entwicklung des Kindes informiert. Gemeinsam mit den Eltern überlegen und planen die Erzieherinnen, wie das Kind bestmöglich unterstützt und gefördert sowie vor Gefahren für sein Wohl geschützt werden kann. Der Austausch mit den Eltern schließt den Gesundheitszu-

Wenn Kinder frisches, gesundes Essen angeboten bekommen, merken sie schnell, wie gut das schmeckt.

stand (einschließlich Vorsorge- und Impfstatus) des Kindes ein. Hospitationen der Eltern sind nach Absprache möglich und erwünscht.

Wahl von Elternvertretungen

Die Eltern werden ermutigt, Wünsche, Fragen und Kritik zu äußern. Es werden Elternvertreter(innen) gewählt (dies gilt nicht für den Bereich der Kindertagespflege), die die Belange und Interessen aller Eltern in die grundlegenden Entscheidungen der Einrichtung einbringen.

Kontakte zwischen den Eltern

Kontakte zwischen den Eltern werden unterstützt. Im Falle einer Krippe bzw. Kindertageseinrichtung stehen Räume für Treffen der Eltern (z. B. Elterncafé) zur Verfügung.

Öffnung in das Gemeinwesen

Die Einrichtung öffnet sich in das Gemeinwesen hinein und ist für Anregungen von außen offen. Die kulturellen, sozialen und anderen Dienste und Einrichtungen im Umfeld werden als Erfahrungsorte für die Kinder genutzt.

Auf die Passung kommt es an

Ob ein Kind in eine Krippe oder Tagespflegestelle »passt«, hängt von zahlreichen Faktoren ab. Entwicklungsstand und Temperament des Kindes spielen ebenso eine Rolle wie biografische Erfahrungen, Vorstellungen und Wünsche der Mutter und des Vaters. Hinzu kommen örtliche Lage, Ausstattung und Qualität, Öffnungszeiten und Kosten der Tagesbetreuung sowie Offenheit und Feinfühligkeit der Erzieherinnen bzw. der Tagesmutter. Wichtig ist auch das Verständnis zwischen Ihnen als Eltern und den Erzieherinnen bzw. der Tagesmutter. Wenn es hier Vorbehalte gibt oder Konflikte absehbar sind, wirkt sich dies negativ auf das Kind aus. Das ist besonders bedeutsam bei der Tagespflege, da hier im Unterschied zum Team der Erzieherinnen in der Krippe keine weiteren Erwachsenen als Korrektiv zur Verfügung stehen. Inwieweit negative Faktoren an Bedeutung verlieren oder positive in einem ungünstigeren Licht erscheinen, hängt nicht zuletzt vom Verlauf des Kontaktes ab, der von vielen Unwägbarkeiten geprägt ist.

Objektive Qualitätsmerkmale können und sollten Ihnen bei Ihrer Entscheidung eine Hilfestellung sein. Ob jedoch eine bestimmte Krippe oder Tagespflegestelle für Ihr Kind die richtige ist, kann allein anhand von Checklisten nicht entschieden werden. Da es um eine individuelle und nicht standardisierbare Passung geht, spielen Ihr intuitives »Bauchgefühl« und ein gesunder Menschenverstand bei der Gesamtbewertung und Entscheidung eine unverzichtbare Rolle.

Entscheidung für das beste Angebot

> Ob sich ein Kind in der Krippe oder bei der Tagesmutter wohlfühlt, hängt vor allem von der pädagogischen Qualität ab. Die wichtigsten Merkmale guter Qualität sind der Erzieherinnen- bzw. Tagesmutter-Kind-Schlüssel, die Gruppengröße und die Ausbildung des pädagogischen Personals. Aber auch der feinfühlige Umgang mit den Kindern, die räumliche Ausstattung und die Zusammenarbeit mit den Eltern spielen eine große Rolle. Bedeutsam ist schließlich, ob die Eltern die Tagesbetreuung innerlich befürworten und ihr Kind ohne Schuldgefühle tagsüber betreuen lassen.

> In einer guten Krippe bzw. Tagespflegestelle betreut eine Erzieherin bzw. Tagesmutter nicht mehr als vier Kinder zwischen ein und drei Jahren. Die Gruppengröße in dieser Altersgruppe ist auf acht Kinder, in altersgemischten Gruppen auf 15 Kinder begrenzt.

> In Deutschland gibt es nur wenige Krippen und Tagespflegestellen, die in allen Punkten gute Qualität bieten. Oft müssen daher Abstriche gemacht und Kompromisse eingegangen werden. Bei der Frage, welche Einrichtung oder Tagesmutter zu einem Kind passt, spielen vernünftige Abwägung, intuitives Bauchgefühl und gesunder Menschenverstand gleichermaßen eine Rolle.

Die Eingewöhnung

Damit Ihr Kind in der Krippe oder bei der Tagesmutter gut »ankommt«, ist eine Zeit der Eingewöhnung unverzichtbar. In den ersten Wochen ist die enge Zusammenarbeit zwischen Eltern und Erzieherinnen bzw. Tagesmutter besonders wichtig.

Jonas und Laura: Unsere ersten Tage mit den anderen Kindern, alles ist so aufregend! Jonas ist jetzt schon seit fünf Tagen in der Krippe. Er ist ein kleiner Draufgänger und hat sehr schnell Kontakt mit den anderen Kindern aufgenommen. Als er sich dann am zweiten Tag unglücklich den Kopf stieß, war er aber doch froh, dass seine Mama anfangs immer anwesend war. Er wollte sofort zu ihr auf den Arm und hat sich trösten lassen. Gestern nun war er zum ersten Mal eine halbe Stunde lang allein. Das hat er ohne Probleme verkraftet. Nur abends braucht er seine Mama mehr als sonst und ist auch viel müder.

Bei Laura hat ihr Vater die Eingewöhnung begleitet. Er dachte, nach spätestens drei Tagen sei alles vorbei, zumal es bei der Tagesmutter doch so familiär zugeht. Aber es ist anders gekommen. Laura hat sich lange nicht einmal von Papas Schoß getraut. Und als er gestern das erste Mal für kurze Zeit gehen wollte, hat sie lange protestiert, sodass er gleich wieder zurückkommen musste. Das ist aber o.k., hat die Tagesmutter gesagt. Bei Laura dauert die Eingewöhnung eben etwas länger. Und es gibt erste Anzeichen, dass auch sie von sich aus in der Tagesgruppe bleiben will. Das Essen schmeckt ihr prima, und einem anderen Mädchen gegenüber hat sie bereits erste Kontaktversuche unternommen.

Die Vorbereitung

Wenn ein Kind erstmals in Tagesbetreuung kommt, ist das für das Kind selbst, für die Eltern und auch für die Krippe oder Tagespflegestelle mit bedeutsamen Veränderungen verbunden. Das Kind wird von nun an regelmäßig einen Teil des Tages von Erwachsenen betreut und versorgt, die es erst kennenlernen muss. Es kommt mit anderen Kindern in einer zunächst ungewohnten Umgebung zusammen, die seine Neugier wecken und zugleich Ängste hervorrufen kann.

Auch wenn der Übergang in Tagesbetreuung häufig in eine Zeit fällt, in der das Kind intensive Bindungen an seine Eltern aufbaut (s. S. 16 ff.) und es in dieser Periode besonders empfindlich gegenüber Trennungen ist, so ist es doch in der Lage, sich an die Veränderungen anzupassen, ergänzende Bindungen zu seinen Bezugspersonen aufzubauen und auf die Trennungen nicht in jedem Fall mit Angst oder sogar einer Beeinträchtigung seiner seelischen Entwicklung zu reagieren. Voraussetzung dafür ist, dass die Eingewöhnung sorgfältig begleitet wird.

Für Sie als Eltern bedeutet der Beginn der Tagesbetreuung, dass Sie Ihr Kind erstmals längere Zeit in die Welt außerhalb der Familie entlassen. Sie erhoffen sich für Ihr Kind neue Kontakte mit anderen Kindern und eine anregungsreiche Umgebung. Zugleich sind Sie besorgt, ob Ihr Kind den Übergang gut bewältigen wird. Sie fragen sich, ob es mit der täglichen Trennung von zu Hause zurechtkommt, Anschluss an die anderen Kinder finden und von den Erzieherinnen bzw. der Tagesmutter akzeptiert werden wird. Vielleicht spielen bei Ihnen auch eigene Ängste eine Rolle, und sie werden – manchmal ohne dass Ihnen dies bewusst ist – daran erinnert, dass Sie sich selbst mit Trennungen in ihrem Leben schwergetan haben. Dies kann zu Schuldgefühlen Ihrem Kind gegenüber führen und auch dazu, dass Sie Konkurrenzgefühle oder sogar Eifersucht gegenüber den Erzieherinnen oder der Tagesmutter entwickeln.

Falls Ihnen die Trennung von Ihrem Kind schwerfällt, suchen Sie das Gespräch mit den Erzieherinnen oder der Tagesmutter. Ausgesprochene Ängste verlieren einen Teil ihrer Bedrohung und sind der Überprüfung zugänglich. Und seien Sie sicher: Auch wenn sich das Kind in der Tagesbetreuung wohlfühlt und vom Kontakt mit seinen neuen Bezugspersonen profitiert, bleiben Sie als Eltern die wichtigsten Personen für Ihr Kind. Hilf-

reich ist auch, sich immer wieder die Vorteile des neuen Lebensabschnitts Ihres Kindes vor Augen zu führen. Sie werden von
Alltagsaufgaben entlastet, gewinnen Selbstbestimmung über einen Teil des Tages zurück und können sich wieder mehr Ihrer
Berufstätigkeit oder anderen Aufgaben widmen.

Jedes neu aufgenommene Kind stellt auch für die Krippe oder
Tagespflegestelle eine wichtige Veränderung dar. Eine unverwechselbare neue Persönlichkeit kommt hinzu, auf deren Eigenarten und Gewohnheiten sich die Fachkräfte und auch die übrigen Kinder einstellen müssen. Die Gruppe insgesamt verändert
ihren Charakter. Die Kontakte mit den Eltern und eventuell weiteren Personen aus dem Umfeld des Kindes sind zu gestalten. In
der Krippe kommt hinzu, dass sich die Erzieherinnen darauf verständigen müssen, wer von ihnen den Eingewöhnungsprozess
begleitet und dadurch zur Bezugsperson des neu aufgenommenen Kindes wird. Dies hat auch Auswirkungen auf die Dienstplangestaltung, denn während der Eingewöhnungsphase muss
der eingewöhnenden Erzieherin der Rücken frei gehalten werden.

Damit der für den gesamten Erfolg der Tagesbetreuung so wichtige Übergang für das Kind, die Eltern und für die Krippe bzw.
Tagespflegestelle erfolgreich verläuft, sind eine sorgfältige Planung und Vorbereitung sinnvoll. Ein erstes Element guter Vorbereitung ist die Planung der Zeit. Hier hat jedes Kind seinen
eigenen Rhythmus. Auch wenn ein Teil der Kinder bereits nach
einer Woche gern allein in die Krippe oder zur Tagesmutter geht
und dort auch innerlich angekommen ist, gibt es andere Kinder, die zwei Wochen, in manchen Fällen sogar drei Wochen
und länger für den Übergang benötigen. Lassen Sie Ihrem Kind
die Zeit, die es benötigt, und beurteilen Sie eine relativ schnelle
Eingewöhnung nicht als Zeichen einer »guten« Leistung. Jedes

Kind – und natürlich auch jeder Elternteil – ist anders, hier gibt es keine feste Norm.

Eng verbunden mit der zeitlichen Planung ist der Verzicht auf jeglichen Druck. Weder das Kind noch die Eltern und auch nicht die Erzieherinnen oder die Tagesmutter sollten sich unter Stress fühlen. Drängen Sie daher Ihr Kind nicht, mit der Erzieherin oder der Tagesmutter Kontakt aufzunehmen oder »endlich« mit den anderen Kindern zu spielen. Manche Kinder genießen es, lange Zeit am Rand zu stehen und das Geschehen um sich herum erst einmal zu beobachten, während andere sich sehr schnell beteiligen. Keine Variante ist die bessere, sondern beide sind Ausdruck der Persönlichkeit Ihres Kindes und seiner individuellen Bewältigungsstrategie.

Wenn das Kind zu seiner gewohnten Schlafzeit in die Krippe gebracht werden soll, ist der Misserfolg vorprogrammiert.

Auch Sie als Eltern sollten sich nicht unter Druck fühlen müssen. In erster Linie gehört dazu natürlich, dass Sie selbst ausreichend Zeit für den Übergang haben und der Wiedereinstieg in den Beruf nicht zu knapp geplant wurde. Ebenso sollte möglichst vermieden werden, dass andere Belastungen, z. B. ein Umzug oder die Geburt eines Geschwisterchens, mit der Eingewöhnungszeit zusammenfallen. Lassen Sie sich auch nicht von anderen Eltern beirren, wenn diese stolz berichten, dass ihr Kind schon »nach wenigen Tagen« allein und gern in die Tagesbetreuung gegangen ist. Hier geht es nicht um Wettbewerb.

Lassen Sie sich und Ihrem Kind Zeit. Hier geht es nicht um einen Wettbewerb.

Schließlich sollte auch die Bezugserzieherin in der Krippe oder die Tagesmutter die Eingewöhnung eines neuen Kindes ohne Druck bewältigen können. Dazu gehört, dass möglichst nicht mehrere Kinder zugleich eingewöhnt werden, sondern die Neuaufnahmen »gestaffelt« stattfinden. In manchen Fällen ist es besser, die Eingewöhnung um einige Tage oder Wochen zu verschieben, wenn dadurch Stress vermieden werden kann.

Ein weiteres Element guter Vorbereitung ist das Sprechen mit dem Kind über den bevorstehenden Übergang. Kleinkinder verstehen oft viel mehr, als ihnen zugetraut wird, auch wenn ihre aktive Sprache noch wenig entwickelt ist. Sprechen Sie daher mit Ihrem Kind über den Ablauf der Eingewöhnung und die damit verbundenen Herausforderungen. Sowohl die zu erwartenden positiven Aspekte wie das Zusammensein mit anderen Kindern und die neuen Spielmöglichkeiten als auch eventuelle Schwierigkeiten und Ängste, die mit den bevorstehenden Veränderungen verbunden sein können, sollten angesprochen werden. Vermeiden Sie jedoch, Ihr Kind mit möglicherweise vorhandenen eigenen Ängsten zu belasten. Diese sollten in Gesprächen unter Erwachsenen oder im Rahmen einer professionellen Beratung erörtert werden.

In den ersten Tagen sind Sie als »sichere Basis« besonders gefragt.

Die Planung der Eingewöhnung

> Nehmen Sie sich für die Eingewöhnung Ihres Kindes ausreichend Zeit, am besten einen Monat, und achten Sie darauf, dass in diese Zeit möglichst nicht der Wiedereinstieg in den Beruf fällt.

> Sprechen Sie mit Ihrem Kind im Vorhinein über den Ablauf der Eingewöhnung und sparen Sie dabei auch nicht mögliche Schwierigkeiten oder Ängste des Kindes aus. Ihre eigenen Unsicherheiten und Ängste sollten sie allerdings lieber unter Erwachsenen oder im Rahmen einer professionellen Beratung ansprechen.

> Besprechen Sie mit den Erzieherinnen oder der Tagesmutter, wann der günstigste Zeitraum für die Eingewöhnung ist.

> Drängen Sie Ihr Kind nicht dazu, Kontakt mit den Erzieherinnen oder der Tagesmutter aufzunehmen oder mit den anderen Kindern zu spielen. Jedes Kind braucht seine eigene Zeit.

> Bei manchen Kindern ist die Eingewöhnung bereits nach einer Woche erfolgreich abgeschlossen, bei anderen dauert es die doppelte Zeit und länger.

Eingewöhnung Schritt für Schritt

Jede Krippe oder Tagesmutter gestaltet die Eingewöhnung eines neuen Kindes ein wenig anders, je nach den eigenen Erfahrungen und den Voraussetzungen vor Ort. Zugleich gibt es gesicherte Qualitätsmerkmale, deren Einhaltung überall gewährleistet sein sollte. In Deutschland ist das »Berliner Eingewöhnungsmodell« verbreitet, das bereits in den 1980er-Jahren entwickelt wurde und sich seitdem in der Praxis vielfach bewährt hat. Dieses Eingewöhnungsmodell stellt die Sicherheits- und Bindungsbedürfnisse des Kindes in den Mittelpunkt und berücksichtigt die begrenzte Anpassungsfähigkeit von Kindern in den ersten drei Lebensjahren:

Erstes Prinzip: Das Kind bestimmt das Tempo

Bei der Eingewöhnung steht das Kind im Mittelpunkt. Seine Bedürfnisse bestimmen das Tempo der einzelnen Schritte. Das Kind zeigt, wenn es die Fürsorge seiner Erzieherin oder seiner Tagesmutter akzeptieren kann oder Kontakt zu den anderen Kindern aufnehmen will. Aufgabe der Erwachsenen ist es, diese Signale des Kindes wahrzunehmen und richtig zu verstehen. Das Kind weist den Weg, die Erwachsenen schaffen die dafür notwendigen Bedingungen.

Zweites Prinzip: Transparenz und Ehrlichkeit zwischen allen Beteiligten

Sowohl die Eltern als auch die Erzieherinnen bzw. die Tagesmutter gestalten sämtliche Abläufe dem Kind gegenüber transparent und nachvollziehbar. Dies bedeutet, dass die Eltern ihrem Kind

Noch ist der neue Raum fremd – nur gut, dass Papa da drüben sitzt ...

ankündigen, zu welchem Zeitpunkt sie den Raum bzw. die Einrichtung verlassen werden, sich rechtzeitig von dem Kind verabschieden und ihm mitteilen, dass sie nach einer verabredeten Zeit zurückkommen werden. Es bedeutet weiterhin, dass auch die Erzieherinnen bzw. die Tagesmutter dem Kind gegenüber wahrhaftig darstellen, wann und wie lange die Eltern abwesend sind und zu welchem Zeitpunkt sie wiederkommen werden. Ebenso gehört hierzu, dass sich die Eltern darauf verlassen können, dass die Erzieherinnen oder die Tagesmutter ehrlich berichten, wie sich das Kind während ihrer Abwesenheit verhalten hat, wie lange es z. B. infolge der Trennung geweint hat und ob es sich anschließend hat trösten lassen.

Das Berliner Eingewöhnungsmodell besteht aus einer Abfolge von fünf aufeinander aufbauenden Stufen:

Erste Stufe: Vereinbarungen vor Beginn der Eingewöhnung

Bereits im Vorgespräch sollten Sie sich als Eltern über den Ablauf der Eingewöhnung informieren. Bestandteile dieses Austauschs mit den Erzieherinnen bzw. der Tagesmutter sollten sein: (1) Wie ist der inhaltliche und zeitliche Ablauf der Eingewöhnung? Zu diesem Punkt gehört neben den Zeitabsprachen auch die Aufgabenverteilung zwischen Eltern und Erzieherinnen bzw. Tagesmutter, z. B. in puncto Pflege des Kindes oder wenn sich das Kind unwohl fühlt. (2) Welcher Elternteil begleitet das Kind während der Eingewöhnungszeit? Sie können die Begleitung Ihres Kindes in der Eingewöhnungsphase zwischen den Elternteilen aufteilen, allerdings sollten die Wechsel nicht zu oft stattfinden und der Verlauf sollte dem Kind und den Erzieherinnen bzw. der Tagesmutter vorher angekündigt werden. (3) Welche Erzieherin ist während der Eingewöhnung zuständig und wird damit für Ihr Kind zu einer wichtigen Bezugsperson? Nach Möglichkeit soll-

ten Sie und Ihr Kind die betreffende Erzieherin zuvor kennenlernen. (4) Welche Besonderheiten des Kindes wie z. B. Ess- und
Schlafgewohnheiten sind zu beachten? (5) Was geschieht, wenn
die Eingewöhnung länger als geplant dauert oder andere Schwierigkeiten auftreten? Für einen solchen Fall kann beispielsweise
ein Gespräch vereinbart werden.

Zweite Stufe: dreitägige Grundphase

An den ersten drei Tagen begleiten Sie Ihr Kind in die Krippe
oder Tagespflegestelle und bleiben die gesamte Zeit des Aufent-
haltes mit ihm im selben Raum. Sie halten sich zurück und machen keine Spielangebote. Auf diese Weise ermöglichen Sie Ihrem Kind, sich in der neuen Umgebung zurechtzufinden und
allmählich auf die Kontakt- und Spielangebote der Erzieherinnen bzw. der Tagesmutter oder anderer Kinder einzugehen. Um
Ihr Kind nicht zu überfordern, sollten anfangs möglichst nur wenige weitere Kinder im Raum sein. Immer dann, wenn Ihr Kind
sich Ihnen zuwendet oder zu Ihnen kommt, weil es Ihre Nähe
sucht und bei Ihnen »auftanken« möchte, beantworten Sie diesen Wunsch angemessen, indem Sie Ihr Kind z. B. hochnehmen
oder es auf andere Weise beruhigen, so lange, bis es ausgehend
von Ihrer »sicheren Basis« einen neuen Anlauf nimmt, die neue
Umgebung zu erkunden.

Besonders am ersten und zweiten Tag füttern und wickeln in
erster Linie Sie Ihr Kind. Erst wenn das Kind von sich aus die
Bereitschaft signalisiert, Pflegehandlungen auch von der Erzieherin oder Tagesmutter zu akzeptieren, können derartige Aktivitäten in Ihrem Beisein von den neuen Bezugspersonen über-
nommen werden.

Im Verlauf dieser ersten drei Tage finden keine Trennungsversuche statt. Dies gilt auch dann, wenn das Kind sich schnell

wohlzufühlen scheint und von sich aus den Kontakt zu fremden Erwachsenen und Kindern sucht. Der Grund dafür ist, dass die vordergründige Autonomie des Kindes die konstante Anwesenheit eines Elternteils zur Voraussetzung hat und nicht damit verwechselt werden darf, dass es bereits auf die Präsenz der Eltern verzichten kann. Viele Kinder verhalten sich nämlich in den ersten Tagen nur deshalb recht unbekümmert, weil die Eltern als wichtigste Bindungspersonen für sie ständig erreichbar sind. Drei Tage sind daher eine Mindestzeit, die das Kind benötigt, um mit einer Bezugsperson vertraut zu werden und eine erste kurze Trennung zu verkraften.

Dritte Stufe: vorläufige Entscheidung über die Dauer der Eingewöhnungszeit

Am vierten Tag – wenn ein Wochenende dazwischen liegt, einen Tag später – kann eine erste Trennung versucht werden. Wenige Minuten nach Ihrer Ankunft in der Krippe bzw. bei der Tagesmutter verabschieden Sie sich von Ihrem Kind und verlassen den Raum. Die Trennung findet auch dann statt, wenn das Kind Protest ausdrückt und z. B. weint. Sie bleiben in der Nähe des Gruppenraums bzw. der Tagespflegestelle und warten ab, ob sich das Kind schnell – d. h. im Zeitraum von ein bis zwei Minuten – von der Erzieherin oder Tagesmutter beruhigen lässt. Sollte dies der Fall sein, kann die Trennung auf maximal 30 Minuten ausgedehnt werden.

Falls Ihr Kind jedoch längere Zeit protestiert und sich von seiner Erzieherin oder Tagesmutter nicht trösten lässt, sollte der Trennungsversuch abgebrochen und an diesem Tag kein zweites Mal wiederholt werden. In diesem Fall zeigt das Kind, dass es noch nicht bereit ist, auf Ihre Anwesenheit zu verzichten und die Erzieherin oder Tagesmutter als Bindungsperson zu akzeptieren. Sie müssen dann davon ausgehen, dass die Eingewöhnung länger als eine Woche dauern wird. Dass ein Kind trotz Einhaltung der Regeln mehr als zwei Wochen für die Eingewöhnung benötigt, kommt relativ selten vor.

Im andern Fall, wenn also Ihr Kind den ersten und zweiten Trennungsversuch akzeptiert oder sich von seiner Gruppenerzieherin oder Tagesmutter innerhalb weniger Minuten trösten lässt, können Sie davon ausgehen, dass Ihr Kind mit einer kürzeren Eingewöhnungszeit zurechtkommt, d. h. etwa mit einer Woche.

Vierte Stufe: Stabilisierungsphase

Die sogenannte Stabilisierungsphase beginnt am vierten oder fünften Tag und ist dadurch gekennzeichnet, dass die Erzieherin oder Tagesmutter im Beisein eines Elternteils allmählich die Versorgung übernimmt, also Ihr Kind füttert und wickelt. Wichtig ist, in diesem Fall der Erzieherin oder Tagesmutter zu überlassen, die entsprechenden Anzeichen beim Kind zu erkennen und darauf zu reagieren. Ihre Hilfe wird nur dann benötigt, wenn Ihr Kind die Unterstützung der Erzieherin oder Tagesmutter noch nicht akzeptiert. Voraussetzung dafür ist, dass Sie sich vorab mit der Erzieherin oder Tagesmutter verständigt haben, sich immer mehr zurückzuhalten und dem Kind deutlich zu machen, dass in den Räumen der Krippe oder bei der Tagesmutter seine neuen Bezugspersonen zuständig sind. Kinder können in der Regel schnell lernen, welche Regeln an welchen Orten gelten, wenn diese Regeln von den Erwachsenen nachvollziehbar eingehalten werden.

Das Kind lernt: In der Krippe ist meine Erzieherin für mich zuständig.

Die Stabilisierungsphase dauert zwischen einigen Tagen und etwa zwei Wochen. In dieser Zeit werden die Trennungszeiten allmählich verlängert. Dennoch bleiben Sie als Eltern während dieser Zeit weiterhin in der Nähe und in Rufbereitschaft, z. B. in einem Café in der Nachbarschaft und per Handy jederzeit erreichbar.

Von der »sicheren Basis« aus kann das neue Kind vielleicht schon einmal mit den anderen spielen.

Wichtig ist, dass Sie sich mit der Erzieherin oder Tagesmutter Ihres Kindes regelmäßig über den Verlauf der Trennungen austauschen. Auch im Beisein Ihres Kindes ist dieser Austausch sinnvoll, merkt das Kind dadurch doch, dass Sie bereit sind, Erziehungsverantwortung zu teilen. Und noch etwas: Überlegen Sie sich ein kleines Abschiedsritual. Dies kann eine Form des Winkens, eine bestimmte Redewendung oder eine andere wiederkehrende Verhaltensweise sein. Auch die regelmäßige Übergabe eines vom Kind geliebten Kuscheltiers oder eines anderen sogenannten Übergangsobjekts kann für beide Seiten die Trennung erleichtern. Manche Kinder mögen es besonders, wenn sie selbst den Abschied aktiv vollziehen können und Sie z. B. mithilfe der Erzieherin oder Tagesmutter zur Tür »hinauspusten«. Rituale erleichtern Ihrem Kind den Umgang mit Alltagssituationen.

Fünfte Stufe: Schlussphase

In der Schlussphase der Eingewöhnung (ca. dritte bis vierte Woche) bleibt Ihr Kind alleine in der Krippe oder bei seiner Tagesmutter. Ein Elternteil sollte allerdings jederzeit telefonisch erreichbar sein. Ihre schnelle Rückkehr kann erforderlich werden, falls die Beziehung zur Erzieherin oder Tagesmutter noch nicht stabil genug ist, um Ihr Kind bei besonderen emotionalen Belastungen aufzufangen – z. B. nach einem kleinen Unfall oder einem Konflikt zwischen den Kindern.

Der Eingewöhnungsprozess ist abgeschlossen, wenn das Kind seine Erzieherin oder Tagesmutter als »sichere Basis« akzeptiert und sich von ihr in Belastungssituationen trösten lässt. Zwar kann es auch später noch vorkommen, dass Ihr Kind beim Abschied mit Weinen reagiert. Entscheidend ist jedoch, ob es sich kurze Zeit nach Ihrem Weggang beruhigen lässt und sich anschließend der sozialen Welt zuwendet und seinen Aktivitäten nachgeht.

Trotz der beschriebenen Schutzmaßnahmen verlangt die Eingewöhnung von Ihrem Kind eine große Anpassungsleistung. Sie müssen daher damit rechnen, dass Ihr Kind gerade am Anfang vor allem in den späten Nachmittags- und Abendstunden in besonderer Weise Ihre Aufmerksamkeit einfordert und dies z. B. durch Quengeln kundtut. Manche Kinder sind während dieser Zeit sehr müde und können trotzdem schlecht einschlafen oder wachen nachts häufiger auf. Andere wiederum verlieren ihre schon einmal erreichten Errungenschaften und nässen z. B. kurzzeitig erneut ein. Um die mit dem Übergang in Tagesbetreuung verbundenen Anstrengungen zu reduzieren, sollten Sie überlegen, ob die Dauer der Tagesbetreuung in den ersten Wochen reduziert werden kann und dann allmählich gesteigert wird.

Abends brauchen die Kinder jetzt besonders viel Zuwendung von ihren Eltern.

Bei ganztags betreuten Kindern muss zusätzlich der Schlafsituation besondere Aufmerksamkeit gelten. Auch hier ist ein sanfter Übergang sinnvoll. So sollte das Kind beim ersten Mal von einem Elternteil zu Bett gebracht werden, der dann auch beim Aufwachen anwesend ist. Üblicherweise reichen wenige Tage aus, um das Kind mit der Schlafsituation in der Krippe oder bei der Tagesmutter vertraut zu machen und auch diese Hürde zu meistern.

Wann ist mein Kind angekommen?

Ob Ihr Kind gern in die Krippe oder zur Tagesmutter geht und sich dort wohlfühlt, können Sie an verschiedenen Anzeichen erkennen. In erster Linie natürlich daran, dass es sich auf die Zeit in der Tagesgruppe freut. Wenn das Kind nach dem Abholen quengelt, ist dies dagegen nicht unbedingt als Zeichen von Unwohlsein zu verstehen. Möglicherweise drückt es dadurch lediglich seine Erschöpfung aus oder will Ihnen mitteilen, dass es Sie trotz der interessanten Zeit tagsüber vermisst hat und nun Ihre besondere Zuwendung haben möchte.

Auch wenn Ihr Kind wenig über seine Erlebnisse in der Krippe oder bei der Tagesmutter erzählt, braucht Sie dies nicht gleich zu beunruhigen. Viele Kinder müssen die vielfältigen Eindrücke erst einmal verarbeiten und sind froh, nach den Anstrengungen des Tages bei Ihnen einen Ruhepol gefunden zu haben. Auf die Frage, was sie denn tagsüber gemacht haben, antworten sie nicht selten mit einem abwehrenden »Nichts«. Häufig wird dann in entspannten Situationen, wie z.B. vor dem Einschlafen oder am Wochenende, das Versäumte nachgeholt, und das Kind berichtet ausführlich über seine Erlebnisse, besonders wenn es sich damit innerlich noch weiterhin beschäftigt.

Am deutlichsten zeigt ein Kind in der Krippe oder bei der Tagesmutter selbst, ob es sich dort wohl fühlt und innerlich »angekommen« ist. Da dies Ihrer direkten Beobachtung nur begrenzt zugänglich ist, sind Sie auf die Aussagen der Erzieherinnen bzw. der Tagesmutter angewiesen. In jedem Fall sollten Sie viele Gelegenheiten zum Gespräch nutzen und auch direkt nachfragen. Manche Erzieherinnen oder Tagesmütter haben es sich zur Gewohnheit gemacht, ein sogenanntes Eingewöhnungstagebuch zu führen, in dem der Verlauf der Eingewöhnung täglich dokumentiert wird. Diese Aufzeichnungen sind dann eine gute Basis für die Gespräche mit Ihnen.

Ein »Eingewöhnungstagebuch« ist eine gute Basis für Gespräche zwischen Eltern und Erzieherin.

Die folgende Beschreibung eines Kindes, das nach erfolgreicher Eingewöhnung vom Aufenthalt in der Krippe oder bei der Tagesmutter profitiert, kann Ihnen eine Grundlage für den Austausch mit den Bezugspersonen Ihres Kindes und für gezieltes Nachfragen bieten.

> Ein Kind, das sich in der Krippe oder bei der Tagesmutter wohlfühlt, weint nicht mehr beim Abschied oder lässt sich sehr schnell nach dem Weggang der Eltern von der Bezugsperson trösten. Es akzeptiert von ihr Pflegehandlungen wie Füttern und Wickeln und genießt diese als Bestandteil seiner neuen Beziehungen.
> Das Kind kann sich angstfrei auf ein Spiel konzentrieren und sich darin vertiefen. Es hat eigene Spielideen. Dabei spielt es parallel zu anderen Kindern und kooperiert auch mit ihnen. Es zeigt wenig »Abseitsverhalten«, d.h., es steht selten unschlüssig herum oder wandert ziellos umher.
> Im Tagesverlauf äußert das Kind je nach Situation unterschiedliche Gefühle. Es freut sich, zeigt seine Neugier und kann schmunzeln oder sogar lachen, wenn etwas Lustiges passiert. In Belastungssituationen sucht es die Nähe und Un-

Dieses Kind ist wirklich »angekommen« ...

terstützung einer Erzieherin oder der Tagesmutter. Wenn es weinen muss, akzeptiert es den Trost seiner Bezugspersonen. Im Falle eines Konflikts ist es erleichtert, von ihnen eine Lösung gezeigt zu bekommen. Das Kind zeigt bzw. äußert seine Meinung und spricht die Erzieherinnen oder die Tagesmutter spontan an, da es von ihnen eine Antwort und gegebenenfalls Unterstützung erwarten kann.

> Wenn ein Kind dann auch noch eigene Wünsche äußert und die Erzieherinnen, seine Tagesmutter oder sogar andere Kinder um Hilfe bittet, ist es tatsächlich angekommen. Es zeigt, dass es Interesse an dem Geschehen hat, sich einbringen und engagieren will und sich als Teil seiner neuen Gruppe begreift.

Manchmal kommt es aber auch vor, dass die Eingewöhnung scheitert und ein Kind auch noch nach einigen Wochen in der Krippe oder Tagespflegestelle nicht zurechtkommt. Da es ihm nicht gelingt, die Erzieherinnen oder die Tagesmutter als ergänzende Bindungsperson zu akzeptieren, kann es sich auch nicht für neue Lernerfahrungen öffnen. Denn Bindung und ein Gefühl der Sicherheit sind eine unabdingbare Voraussetzung für Bildung.

In diesem Fall sollte zunächst geprüft werden, ob ein Fehler bei der Eingewöhnung die Ursache ist und das Kind beispielsweise aufgrund eines zu frühen Trennungsversuchs verunsichert wurde. Eine Verlängerung der Anwesenheit eines Elternteils kann hier vielleicht Abhilfe schaffen. Möglich ist auch, dass das Kind mit inneren Konflikten – z.B. aufgrund der Geburt eines Geschwisterchens – beschäftigt ist, deren Bewältigung die Voraussetzung für eine gelingende Eingewöhnung ist. Wenn dies zutrifft, sollte überlegt werden, ob der Übergang in Tagesbetreuung noch hinausgeschoben werden kann oder professionelle Hilfe in Anspruch genommen werden sollte.

Woran erkenne ich, ob sich mein Kind in der Krippe oder bei der Tagesmutter wohlfühlt?

> Das Kind weint nicht mehr beim Abschied oder lässt sich nach dem Weggang der Eltern schnell von seiner Erzieherin oder Tagesmutter trösten.
> Es lässt zu, dass seine Bezugspersonen Pflegehandlungen wie Füttern und Wickeln vornehmen, und genießt diese als Teil seiner neuen Beziehungen.
> Das Kind hat eigene Spielideen und kann sich in ein Spiel vertiefen.
> Es zeigt unterschiedliche Gefühle wie Neugier und Freude. Wenn es weinen muss, akzeptiert es den Trost seiner Bezugspersonen.
> Das Kind wendet sich der Erzieherin oder der Tagesmutter zu oder spricht diese spontan an und äußert Wünsche.

Erfolgreiche Eingewöhnung

> Eine gute Eingewöhnung ist die Grundlage für das Wohlbe-
finden des Kindes in Tagesbetreuung. Die Anwesenheit und
Mitwirkung der Eltern ist dabei unverzichtbar. Das Kind
bestimmt das Tempo, die Erwachsenen sind für die Rahmenbedingungen verantwortlich.

> Der gesamte Prozess der Eingewöhnung dauert etwa vier
Wochen und kann in mehrere Stufen unterteilt werden. In
den ersten drei bis vier Tagen begleiten die Eltern ihr Kind
während der gesamten Zeit in der Krippe oder Tagespflegestelle. Erst danach finden erste Trennungsversuche statt, die
allmählich erweitert werden.

> Für den Erfolg der Eingewöhnung ist wichtig, dass die Eltern
ein Vertrauensverhältnis zur Erzieherin bzw. Tagesmutter
aufbauen, damit diese für das Kind zu einer ergänzenden
Bindungsperson werden kann. Die Eingewöhnung ist abgeschlossen, wenn das Kind seine Erzieherin oder Tagesmutter als »sichere Basis« akzeptiert, d.h. ihr gegenüber seine
Wünsche und Bedürfnisse äußert, Pflegehandlungen akzeptiert und sich bei Bedarf von ihr trösten lässt.

Erziehungs- und Bildungs- partnerschaft

Eltern, Erzieherinnen und Tagesmütter verbindet ein gemeinsames Ziel: die best- mögliche Erziehung und Förderung des Kindes. Dieses Kapitel zeigt, wie das ge- lingen kann.

Jonas und Laura: Wir werden immer älter, jeden Tag ein Stück! Ein halbes Jahr gehen wir nun schon zu den anderen Kindern. Jonas in die Krippe und Laura zu ihrer Tagesmutter. Jeden Tag ist etwas Neues los. Neulich war Jonas' Gruppe im Aquarium. Und Lauras Tagesmutter geht regelmäßig mit den Kindern in den Wald. Tagsüber ist es in der Gruppe schön und anschließend zu Hause. Das kann man irgendwie gar nicht vergleichen. Wir jedenfalls lieben beides. Jeden Morgen beim Hinbringen besprechen die Erwachsenen alles Mögliche miteinander. Einmal hat sich Jonas' Mutter mit der Erzieherin eine Dreiviertelstunde nur über ihn unterhalten. Bei Lauras Eltern und der Tagesmutter war es genauso. Das heißt Entwicklungsgespräch. Nun gut, wir sind einverstanden. Es gibt tatsächlich so viel zu erzählen!

Für eine gesunde Entwicklung und erfolgreiche Erziehung und Bildung des Kindes spielen die Eltern eine herausragende und unersetzliche Rolle. Dies gilt besonders für die ersten Lebensjahre. Inwieweit ein Kind seine Anlagen entfalten und seine Begabungen entwickeln kann, hängt in erster Linie von den Einflüssen im Elternhaus ab. Eine zunehmend wichtige Rolle für die Entwicklung und Bildung nehmen Kindertageseinrichtungen bzw. Tagespflegestellen ein. In Ergänzung zur Familie macht das Kind hier neue und andere Erfahrungen und erweitert seinen Horizont.

Damit sich der private Bereich der Familie und das öffentliche System der frühen Tagesbetreuung zum Wohl des Kindes optimal ergänzen, bedarf es einer engen und vertrauensvollen Zusammenarbeit zwischen beiden Bereichen. Ziel der Zusammenarbeit zwischen Eltern und Krippe bzw. Tagespflegestelle ist eine erfolgreiche Erziehungs- und Bildungspartnerschaft.

Wenn diese Partnerschaft gelingt, findet das Kind die besten Entwicklungsbedingungen vor: Familie und Krippe bzw. Tagespflegestelle öffnen sich füreinander, machen ihre Erziehungsvorstellungen und Bildungsangebote transparent, sind am Wohl des Kindes und aneinander interessiert und bereichern sich wechselseitig. Sie wertschätzen sich, erkennen die Bedeutung der jeweils anderen Lebenswelt für das Kind an und teilen die Verantwortung für die Förderung der kindlichen Entwicklung.

Ungleiche Partner, aber gleichwertig

Partnerschaft heißt Zusammenarbeit für einen gemeinsamen Zweck bzw. ein gemeinsames Ziel. Notwendige Voraussetzungen gelingender Partnerschaft sind Offenheit, Vertrauen, Dialogbereitschaft, partnerschaftliche Umgangsformen, Respekt vor bestehenden Unterschieden und Rollenklarheit.

Bei der Erziehungs- und Bildungspartnerschaft verbindet beide Seiten das gemeinsame Ziel, die Entwicklung des Kindes bestmöglich zu fördern. Bezugspunkt für die Partner ist das Kindeswohl. Ein am Wohl des Kindes ausgerichtetes Handeln kann dabei als dasjenige verstanden werden, welches die an den Grundbedürfnissen und Grundrechten orientierte, für das Kind jeweils günstigste Handlungsalternative wählt.

Zur Erreichung dieses Ziels bringen die beiden Partner unterschiedliche Fähigkeiten ein und nehmen verschiedene Rollen wahr: Erziehungs- und Bildungspartnerschaft ist eine Partnerschaft gleichwertiger, aber ungleicher Partner. Im Folgenden werden die Fähigkeiten der Eltern und die Kompetenzen pädagogischer Fachkräfte einander gegenübergestellt.

Eltern und Fachkräfte als Experten

Eltern sind die besten Experten für ihr eigenes Kind. Niemand kennt das Kind so gut wie sie. In den meisten Fällen wissen sie am besten, was ihr Kind braucht. Die Eltern können am besten Auskunft geben über die Eigenarten und Bedürfnisse des Kindes und über seine Rolle in der Familie. Manchmal ist den Eltern gar nicht bewusst, über welch enormes Wissen in Bezug auf ihr Kind sie verfügen. Dann bedarf es der Ermutigung und bisweilen Unterstützung durch die Fachkräfte, damit die Eltern ihr eigentlich vorhandenes Wissen über das Kind auch tatsächlich nutzen und in die Partnerschaft einbringen.

Erzieherinnen bzw. Tagesmütter sind demgegenüber Expertinnen für Kinder im Allgemeinen. Sie verfügen über eine pädagogische Ausbildung bzw. Grundqualifizierung. Sie haben berufliche Erfahrung im Umgang mit Kindern, kennen die Kinder als Mitglieder einer Gruppe von Gleichaltrigen und können Gruppenprozesse verstehen und leiten.

Perspektive auf das Kind

Die Perspektive der Eltern auf ihr Kind ist vom Alltag rund um die Uhr geprägt. Eltern kennen ihr Kind frühmorgens ebenso wie am Abend, spät in der Nacht, am Wochenende und an Feiertagen, im Verlauf von Erkrankungen, während Ferienzeiten und auf Reisen.

Demgegenüber ist die Perspektive der Fachkräfte auf die Zeit der Tagesbetreuung begrenzt. Da sich Kinder in ihrem Verhalten an unterschiedlichen Orten und zu unterschiedlichen Zeiten erheblich unterscheiden können, ist es wichtig, dass Eltern und Fachkräfte ihre notwendigerweise unterschiedlichen Sichtweisen auf das Kind in die Zusammenarbeit einbringen und zu einem Gesamtbild zusammenfügen.

Partnerschaft braucht Offenheit, Vertrauen und Respekt.

Ein Beispiel: Frau S. erzählt, dass ihr zweijähriger Christian seit einigen Wochen ganz durcheinander ist. Er schläft schlecht, tanzt ihr auf dem Kopf herum und ist kaum zu bändigen. Die Erzieherin berichtet demgegenüber, dass der Junge in der Krippe »ganz anders« ist. Dort wirkt er entspannt, spielt konzentriert vor allem mit älteren Kindern und sucht häufig die Nähe zu den Erzieherinnen. Im gemeinsamen Gespräch zwischen Mutter und Erzieherin wird deutlich, das das Kind an seinen beiden wichtigsten Alltagsorten zwei unterschiedliche Seiten seiner Persönlichkeit zeigt. Während er sich zu Hause aufgrund der bevorstehenden Geburt eines Geschwisterchens in seiner Position als jüngstes Familienmitglied bedroht fühlt und dies in seinem Verhalten ausdrückt, kann er in der Krippe eine ganz andere Rolle einnehmen: Hier hat er seinen sicheren Platz in der Gruppe, orientiert sich an den älteren Kindern und genießt das Zusammensein mit den Erzieherinnen.

Eltern erleben ihr Kind rund um die Uhr.

(Un-)Parteilichkeit

Eltern treten parteiisch für ihr Kind ein. Aufgrund intensiver gewachsener Bindungen ist das eigene Kind im Unterschied zu allen anderen Kindern für sie etwas ganz Besonderes. Vor allem in Stress- und Konfliktsituationen ist es ihre Aufgabe, ihr Kind und sein Wohl im Blick zu behalten. Jedes Kind braucht das Gefühl, für die eigenen Eltern einzigartig und unersetzlich zu sein.

Fachkräfte dagegen bewahren eine professionelle Distanz zu jedem Kind. Zwar müssen auch sie in der Lage sein, notfalls für ein Kind Partei zu ergreifen – z. B. wenn es gegenüber anderen benachteiligt ist oder sich nicht behaupten kann –, aber von dieser Parteilichkeit kann jedes Kind profitieren. Die Haltung von Erzieherinnen und Tagesmüttern entspricht einer der jeweiligen Situation angemessenen Mehrparteilichkeit.

Lebens- und Arbeitsperspektive

Eltern verbinden mit ihrem Kind eine Lebensperspektive, die über viele Jahrzehnte reicht. Auch wenn das Kind schon älter ist und sein eigenes Leben führt, bleibt die Beziehung zu den Eltern erhalten. Keine andere Beziehung ist so stabil und dauerhaft wie die Eltern-Kind-Beziehung.

Fachkräfte verbinden demgegenüber mit den Kindern eine Arbeitsperspektive, die zeitlich begrenzt und prinzipiell austauschbar ist. Auch wenn sie sich mit Herz und Seele für die Kinder einsetzen, so ist dieses Engagement doch auf ein professionelles Maß beschränkt.

Un-(Kündbarkeit)

Elternschaft ist unkündbar. Zwar können sich die rechtlichen und sozialen Aspekte ändern – z. B. bei Stiefeltern –, aber zumindest die leibliche Elternschaft ist lebenslang mit denselben Eltern verbunden und kann nicht aufgekündigt werden.

Demgegenüber kann Erzieherinnen gekündigt werden und genauso wie Tagesmütter können sie von sich aus ihre Tätigkeit beenden. Ihr Verhältnis zu den Kindern ist nicht unverbrüchlich und u. a. von ihrer beruflichen Planung abhängig.

Bindung und Zuwendung

Kinder und Eltern verbindet eine intensive emotionale Bindung. Grund dafür sind die angeborene Bindungsbereitschaft des Kindes und die intuitiv vorhandene Fähigkeit der Eltern, auf die Bindungsbedürfnisse ihres Kindes feinfühlig zu reagieren. Die Eltern sind für ihr Kind die primären Bindungspersonen. Frühe Tagesbetreuung kann hieran nichts ändern.

In Ergänzung zu den Eltern entwickeln auch Fachkräfte – im Vergleich zu den Eltern deutlich weniger intensive – sekundäre Bindungen an diejenigen Kinder, denen sie sich im Alltag zuwenden und die ihnen vertraut werden.

Erfüllung und Entlohnung

Eltern-Kind-Beziehungen zeichnen sich durch wechselseitige Zuneigung, Liebe und Erfüllung aus. Trotz aller Widrigkeiten und Belastungen üben Eltern ihre Rolle in der Regel gern aus, ohne daraus einen unmittelbaren materiellen Nutzen zu ziehen.

Erzieherinnen und Tagesmütter ernten für ihre berufliche Arbeit Anerkennung von denjenigen, die von ihrer Tätigkeit profitieren, sowie im weiteren beruflichen Feld. Außerdem werden sie für ihre Tätigkeit entlohnt und bestreiten dadurch ihren Lebensunterhalt.

Rollen von Eltern und Pädagoginnen

> Eltern sind Experten für ihr Kind. Erzieherinnen und Tagesmütter sind Expertinnen für Kinder im Allgemeinen.
> Eltern haben eine Perspektive rund um die Uhr. Erzieherinnen und Tagesmütter haben die Perspektive Tagesbetreuung.
> Eltern treten parteiisch für ihr Kind ein. Erzieherinnen und Tagesmütter sind mehrparteilich und bewahren eine professionelle Distanz zu jedem Kind.
> Eltern verbinden mit ihrem Kind eine Lebensperspektive, Erzieherinnen und Tagesmütter eine Arbeitsperspektive.
> Elternschaft ist unkündbar. Erzieherinnen und Tagesmütter können ihre Tätigkeit beenden.
> Eltern und Kinder verbindet eine intensive emotionale Bindung. Erzieherinnen und Tagesmütter entwickeln sekundäre Bindungen an die Kinder.
> Eltern erfahren im Zusammensein mit ihrem Kind Erfüllung. Erzieherinnen und Tagesmütter werden für ihre Arbeit entlohnt.

Erziehungs- und Bildungspartnerschaft zwischen Eltern und Erzieherinnen bzw. Tagesmüttern kann gelingen, wenn beide Seiten ihre unterschiedlichen Rollen und Aufgaben respektieren. Gerade die Unterschiede machen den Reiz einer Partnerschaft aus. Dabei können durchaus mehrere Rollen in einer Person vereint werden. Viele Erzieherinnen und Tagesmütter sind selbst Mütter von Kindern und ein Teil der Eltern übt einen pädagogischen Beruf aus. Dennoch ändern wir unser Verhalten, je nachdem, welche Rolle wir gerade einnehmen. Wenn wir uns um unser eigenes Kind kümmern, empfinden wir anders und verhalten uns entsprechend unterschiedlich, als wenn wir die Kinder fremder Leute betreuen.

Hinbringen und Abholen

Auch kleine Abschiede benötigen ihre Zeit. Wenn ein Kind morgens in die Krippe oder zur Tagesmutter gebracht wird, muss es sich bewusst werden können, dass Mama und Papa von nun an für einen großen Teil des Tages nicht zur Verfügung stehen. An ihre Stelle treten andere Erwachsene, das Zusammensein mit den Kindern sowie die Raum- und Spielangebote.

Um diesen Übergang zu bewältigen, braucht es nicht sehr viel Zeit, aber doch zumindest einige Minuten. Manche Kinder lösen sich schnell von ihren Eltern und mischen sich in das Geschehen. Andere halten sich lange an ihrem Kuscheltier fest, beobachten die Szene und entschließen sich erst nach einiger Zeit zum Mitspielen. Wieder andere orientieren sich an wiederkehrenden Abschiedsritualen und finden auf diese Weise ihren Weg in die Gruppe.

Wie auch immer Ihr Kind den Übergang gestaltet, Sie sollten dafür ausreichend Zeit einplanen, etwa fünf bis zehn Minuten. Wenn Sie pünktlich zur Arbeit erscheinen müssen, ist es besser, das Frühstück und den Start von zu Hause etwas nach vorne zu verlegen, als dann später in der Krippe oder Tagespflegestelle unter Zeitdruck zu geraten. Unter zeitlichem Stress leiden alle, vor allem Ihr Kind.

Wichtig ist auch, dass Sie bei jeder Übergabe Ihres Kindes Kontakt zu seiner Bezugsperson aufnehmen. Freundliche Blicke, einige Begrüßungsworte, ein kurzer Austausch über die Befindlichkeit des Kindes, all dies vermittelt Ihrem Kind das Gefühl, dass der Wechsel von der Familie in die Tagesbetreuung in einem sicheren Rahmen stattfindet und Eltern und Erzieherin bzw. Tagesmutter zu seinem Wohl zusammenarbeiten.

Denken Sie daran: Auch kleine Abschiede brauchen ihre Zeit.

Verabschieden Sie sich auch dann ausdrücklich von Ihrem Kind, wenn es einmal schnell gehen muss, und vergewissern Sie sich, dass die Verabschiedung bei ihm auch tatsächlich ankommt. Widerstehen Sie in jedem Fall der Versuchung, sich heimlich hinauszuschleichen, ohne dass Ihr Kind dies bemerken kann. Auch wenn es weint, ist der bewusste Abschied die bessere Alternative. Denn ein offen gezeigter Schmerz ist für das Kind einfacher zu ertragen, als wenn es mit der ständigen Angst leben muss, von den Eltern verlassen zu werden, weil es ihr Weggehen nicht bemerkt hat. Falls Sie sich von Ihrem Kind trennen müssen, während es noch weint, und Sie wissen möchten, wie lange das Weinen angehalten hat, oder Sie möglicherweise selbst sich mit diesem Zustand schwertun, sollten Sie mit der Erzieherin oder Tagesmutter einen Kontrollanruf vereinbaren. Auf diese Weise können Sie beruhigt sein, dass es Ihrem Kind wieder gut geht.

Für die Abholsituation gilt das meiste in ähnlicher Weise. Auch diese Übergangssituation sollte zeitlich abgepuffert sein. Viele Kinder leiden sehr darunter, plötzlich aus ihrem Spiel gerissen zu werden. Außerdem wollen sie manchmal anderen Kindern noch etwas mitteilen oder sich von der Erzieherin oder Tagesmutter verabschieden. Auch Sie sollten es sich zur Gewohnheit machen, beim Abholen einige Sätze mit der Erzieherin bzw. Tagesmutter zu wechseln, um auf dem Laufenden zu sein und Ihrem Kind zu signalisieren, dass seine beiden wichtigsten Alltagsbereiche durch eine tragfähige »Brücke des Übergangs« miteinander verbunden sind.

Nehmen Sie sich jeden Tag ein paar Minuten, um mit der Erzieherin oder Tagesmutter zu reden.

Seien Sie nicht verwundert, wenn Ihr Kind eine gewisse Zeit nach dem Abholen Ihre volle Aufmerksamkeit einfordert. Manche Kinder quengeln, andere erzählen viel, wieder andere äußern sich selbst auf Nachfragen nur sehr spärlich. Diese Ver-

Nehmen Sie sich
Zeit beim Bringen
und Abholen.

haltensweisen sind jeweils unterschiedliche Möglichkeiten, um Ihnen zu zeigen, dass die vielen Erlebnisse des Tages von Ihrem Kind erst einmal verarbeitet werden müssen.

Gespräche zwischen Tür und Angel

Immer wieder einmal kommt es vor, dass Sie etwas mit den Erzieherinnen bzw. der Tagesmutter besprechen möchten. Weil Sie eine Frage haben oder weil Ihnen etwas auffällt oder Sie beunruhigt. Eine einfache Möglichkeit hierfür bieten sogenannte Tür-und-Angel-Gespräche. Damit sind kurze Gespräche gemeint, die zwischendurch, in der Regel also beim Hinbringen am Morgen oder beim Abholen am Nachmittag, stattfinden.

Der Vorteil eines Tür-und-Angel-Gesprächs liegt in seiner Aktualität. Auftretende Fragen und kleinere Probleme können ohne Zeitverzug geklärt werden. Nachteile sind die enge zeitliche Begrenzung und die Störanfälligkeit. Zwischen Tür und Angel haben Erzieherinnen bzw. Tagesmütter selten viel Zeit, und Sie müssen damit rechnen, jederzeit gestört zu werden: Ein Kind braucht Unterstützung, das Telefon klingelt oder eine Gruppenaktivität beginnt. Außerdem ist Ihre Privatsphäre nicht gewahrt, da die Kinder sowie möglicherweise andere Eltern die Unterhaltung verfolgen können.

Grundlegende Fragen, die über den Tag hinausreichen, sollten deshalb an anderer Stelle besprochen werden.

Entwicklungsgespräche

Entwicklungsgespräche zwischen Eltern und Fachkräften dienen dem vertieften Austausch über den Stand der kindlichen Entwicklung. Nicht ein eventuell auftretendes Problem, sondern der ganz besondere Entwicklungsweg des einzelnen Kindes steht dabei im Vordergrund. Jedes Kind unterscheidet sich in den Eigenarten seiner Entwicklung von allen anderen Kindern (interindividuelle Variabilität), und auch zwischen den verschiedenen Entwicklungsbereichen gibt es bei jedem Kind kleinere und manchmal auch größere Unterschiede (intraindividuelle Variabilität).

Nehmen Sie z. B. das Schlafbedürfnis. Während manche zweijährigen Kinder über den Tag verteilt 13,5 Stunden schlafen, kommen andere mit zehn Stunden Schlaf aus, ohne dass bei einem der beiden Extreme ein Grund zur Beunruhigung besteht. Vergleichbare Unterschiede gibt es bei Viel- bzw. Wenigessern, beim Laufen- oder Sprechenlernen.

Ähnliche Differenzen lassen sich bei den Entwicklungsgeschwindigkeiten ein und desselben Kindes finden. So eilen manche Kinder in ihrer Bewegungsentwicklung dem Durchschnitt ihrer

Altersgruppe voraus und hinken in sprachlicher Hinsicht hinterher oder umgekehrt. Nicht selten folgen auf langsame Veränderungen regelrechte Entwicklungssprünge und bisweilen wird sogar eine bei den meisten Kindern übliche Zwischenstufe ganz ausgelassen. Beispielsweise gibt es Kinder, die aus dem Sitzen sofort zum Stehen und Laufen übergehen, ohne sich zwischendurch mit dem Krabbeln »aufzuhalten«. Andere Kinder wiederum zögern lange mit dem aktiven Sprechen, speichern zunächst eine große Anzahl von Wörtern, um dann sprachlich regelrecht zu explodieren.

Jedes Kind geht seinen eigenen Entwicklungsweg. Eine sinnvolle Konsequenz der großen Bandbreite normaler Entwicklung besteht daher darin, Kinder nicht in erster Linie an anderen Kindern zu messen oder sie gar durch Vergleich mit anderen zu beurteilen, auch wenn dies manchmal schwerfällt.

In den meisten Krippen und auch bei vielen Tagesmüttern gehört es zum Standard, etwa zweimal jährlich ein Entwicklungsgespräch zu führen. Bei Kindern unter zwei Jahren sind drei oder vier Gespräche pro Jahr sinnvoll. Die Eltern werden schriftlich und/oder mündlich dazu eingeladen. Sehr zu empfehlen ist, dass beide Eltern an den Gesprächen teilnehmen. Dies gilt nach Möglichkeit auch für Eltern, die nicht miteinander verheiratet sind, in Trennung leben oder geschieden sind.

Ein Entwicklungsgespräch dauert in der Regel 30 bis 60 Minuten. Da Sie Ihr Kind am besten kennen, wird die Erzieherin oder Tagesmutter üblicherweise zunächst Sie bitten, all das zu berichten, was Ihnen an Ihrem Kind auffällt, worüber Sie sich freuen und was Ihnen vielleicht Sorgen bereitet. Um nichts zu vergessen, kann es sinnvoll sein, wenn Sie sich vor dem Gespräch Notizen machen und Ihre Fragen aufschreiben (s. Checkliste S. 97).

In der Entwicklung der Kinder gibt es große Unterschiede, die zumeist im normalen Bereich liegen.

Im Entwicklungsge-
spräch erfahren Sie
auch, was Ihr Kind
schon alles kann.

Im Anschluss an Ihren Bericht wird die Krippe oder Tagespfle-
gestelle ihre Sicht der Dinge darstellen, und es kommt zu einem
Austausch. Neben gemeinsam geteilten Beobachtungen sind un-
terschiedliche Wahrnehmungen dabei durchaus normal, denn
Kinder zeigen während der Tagesbetreuung andere Seiten ihrer
Persönlichkeit als zu Hause.

Manchmal werden in Entwicklungsgesprächen auch Verhaltensweisen angesprochen, die nicht mehr mit den normalen Unterschieden zwischen Kindern erklärbar sind und Anlass zur Sorge
geben. Dies kann z. B. eine körperliche Auffälligkeit (Schlafen,
Essen, Anzeichen für eine Erkrankung), eine Wahrnehmungsstö-
rung (Sehen, Hören), eine deutliche Entwicklungsverzögerung
(Bewegung, Sprache), eine Auffälligkeit im Verhalten gegenüber
anderen Kindern oder Erwachsenen oder ein seelisches Problem
(z. B. starker Trennungsschmerz) sein. In einem solchen Fall sollten möglichst zusätzliche Beobachtungen des Kindes vereinbart
werden. Besteht weiterhin Grund zur Sorge, sollte zur weiteren
Abklärung je nach Problem eine Kinderärztin, eine entwicklungspsychologische Beratungsstelle oder eine Erziehungs- und
Familienberatungsstelle zurate gezogen werden.

Checkliste: Wie entwickelt sich mein Kind?

✓ Welche körperlichen Entwicklungen haben stattgefunden (Wachstum, Sitzen, Krabbeln, Laufen, Beweglichkeit)?

✓ Wie hat sich mein Kind sprachlich entwickelt (Sprachverständnis, aktives Sprechen, Wortschatz, Satzbildung)?

✓ Für welche Themen interessiert es sich und was macht es besonders gerne?

✓ Wie schläft mein Kind und welche Veränderungen im Schlafrhythmus gab es?

✓ Was isst es gerne und wie ist sein Essverhalten?

✓ An wen entwickelt mein Kind Bindungen?

✓ Zeigt es Trennungsängste und wie äußern sich diese?

✓ Wie selbstständig ist mein Kind und welche Konflikte ergeben sich dadurch (Sauberkeitsentwicklung, Trotz)?

✓ Was spielt es und wen bezieht es gerne in sein Spiel ein?

✓ Worüber freue ich mich bei meinem Kind und worauf bin ich stolz?

✓ Was bereitet mir Sorgen?

Elternabende und andere Formen der Zusammenarbeit

Elternabende sind Versammlungen, zu denen alle Eltern einer Kindertageseinrichtung bzw. die Eltern einer Kita-Gruppe eingeladen werden. Ergänzend finden manchmal Elternabende statt, zu denen nur die Eltern der Kinder eingeladen werden, die an einem bestimmten Programm oder Projekt teilnehmen. Tagesmütter bieten nur selten Elternabende an. Aufgrund der kleinen Zahl betroffener Eltern beschränkt sich der Austausch hier meist auf Einzelgespräche mit den Eltern jedes Kindes.

In der Regel werden die Eltern schriftlich (häufig per Aushang) zu den Elternabenden eingeladen. Es gibt eine Tagesordnung, bei der auch Wünsche von Eltern berücksichtigt werden. In manchen Fällen wird eine fachkundige Referentin zu einem bestimmten Thema dazugeladen. Zu Beginn des Kita-Jahres werden auf einem Elternabend Elternvertreter gewählt, deren Aufgabe es ist, die Interessen der Eltern gegenüber dem Team der Erzieherinnen, der Leitung und dem Träger der Einrichtung zu vertreten. Gemäß Kinder- und Jugendhilfegesetz (SGB VIII, §22a) müssen die Erziehungsberechtigten in Kindertageseinrichtungen außerdem »an den Entscheidungen der Einrichtung in wesentlichen Angelegenheiten der Erziehung, Bildung und Betreuung« beteiligt werden.

Da auf Elternabenden wichtige Informationen zum Ablauf des Kita-Jahres, zu pädagogischen und konzeptionellen Fragen der Einrichtung sowie zum Wohlergehen der Kinder in der Gruppe vermittelt werden, sollten – auch im Falle einer Trennung oder Scheidung – möglichst beide Eltern teilnehmen. Wenn wichtige Gründe Ihre Teilnahme an einem Elternabend verhindern, können Sie sich bei Ihren Elternvertretern über die Ergebnisse informieren.

Versuchen Sie, möglichst beide an den Elternabenden teilzunehmen.

Hospitationen

Eine Hospitation ermöglicht Eltern, für eine begrenzte Zeit (z.B. wenige Stunden oder während eines Tages) als Gast am Gruppengeschehen in einer Krippe oder Tagespflegestelle teilzunehmen. So bekommen sie einen vertieften Eindruck vom Zusammenspiel der Kinder und der Arbeit der Erzieherinnen bzw. der Tagesmutter.

Viele Krippen und Tagespflegestellen haben in ihr Konzept aufgenommen, dass Hospitationen von Eltern nach Absprache möglich oder sogar erwünscht sind. Den Hinweis »nach Absprache« sollten Sie ernst nehmen. Es kann Situationen geben – z. B. wenn ein neues Kind eingewöhnt wird oder wenn bei bestimmten Vorhaben die Gruppe unter sich bleiben möchte –, die eine Hospitation ausschließen.

Da Sie bei einer Hospitation Gast sind, sollten Sie sich nicht zu sehr in das Gruppengeschehen einmischen. Die Erzieherin bzw. die Tagesmutter hat das Heft in der Hand, und auch Ihr Kind hat mehr davon, wenn Sie sich zurückhalten und sich vor allem auf das Beobachten konzentrieren. Im Anschluss an die Hospitation können in einem Gespräch mit der Erzieherin bzw. Tagesmutter die Eindrücke ausgetauscht werden.

Andere Formen der Zusammenarbeit
Hierzu können gehören: Hausbesuche; Mitwirkung bei Ausflügen, Festen und Projekten; Elterncafé; Beratungs- und Bildungsangebote. Besonders häufig sind einige dieser Angebote vorhanden, wenn die Krippe Bestandteil eines Familien- oder Eltern-Kind-Zentrums oder eines Mehrgenerationenhauses ist.

Hausbesuche
Ein Hausbesuch ermöglicht der Erzieherin bzw. Tagesmutter, das häusliche Umfeld des Kindes kennenzulernen. Viele Kinder zeigen bei dieser Gelegenheit stolz ihr Kinderzimmer und die ihnen wichtigen Spielsachen. Den Eltern bietet sich die Möglichkeit, die Lebenssituation des Kindes zu erläutern. Selbstverständlich sind solche Hausbesuche freiwillige Angebote, die von den Eltern nicht wahrgenommen werden müssen.

Mitwirkung bei Ausflügen, Festen und Projekten
Viele Krippen und Tagesmütter bieten Eltern die Möglichkeit, an Ausflügen mit den Kindern teilzunehmen und/oder bei Fes-

Die Erzieherinnen und Tagesmütter freuen sich, wenn sie bei Festen und Ausflügen unterstützt werden.

ten oder Projekten mitzuwirken. Ziel ist es, Eltern Gelegenheit zu geben, ihr Kind bei Höhepunkten des Kita-Jahres zu erleben. Manchmal sind die Eltern auch in die Vorbereitungen einbezogen oder sie werden gebeten, sich anderweitig (z. B. durch die Bereitstellung von Getränken o. Ä.) zu beteiligen. Sofern von den Eltern eine solche Mitwirkung erwartet wird, sollte ihnen dies bereits im Aufnahmegespräch mitgeteilt werden bzw. im Betreuungsvertrag geregelt sein.

Elterncafé

Einige Kindertageseinrichtungen haben ein Elterncafé eingerichtet, in dem sich Eltern zu bestimmten Zeiten mit oder ohne ihre Kinder treffen können. Bei einer Tasse Kaffee oder Tee kann hier ein zwangloser Austausch stattfinden. Ergänzend liegen häufig Info-Flyer zu Eltern interessierenden Angeboten vor Ort aus oder es ist eine kleine Bibliothek eingerichtet.

Beratungs- und Bildungsangebote

Besonders, wenn die Kindertageseinrichtung zum Familien- oder Eltern-Kind-Zentrum erweitert wurde oder Bestandteil eines Mehrgenerationenhauses ist, sind zusätzlich zu den Betreuungsangeboten für die Kinder Beratungs- und/oder Bildungsangebote für die Eltern vorhanden. Elemente solcher Angebote können u. a. sein: Elternkurse, Erziehungs- und Familienberatung, Babymassagekurs, Info-Veranstaltungen zu pädagogischen, gesundheitlichen oder rechtlichen Themen, Second-Hand-Markt. Diese Angebote können entweder unter einem Dach vorhanden sein oder in Kooperation mit benachbarten Einrichtungen stattfinden.

Keine Angst vor Konflikten

Kleine und manchmal auch größere Konflikte gehören zum Leben. Sie gänzlich vermeiden zu wollen ist zwecklos. Vielmehr kommt es darauf an, mit unvermeidlichen Konflikten konstruktiv umzugehen. Typische Konflikte in Krippen und Kindertagespflegestellen bewegen sich rund um die Themen Essen, Schlafen, Erziehungshaltungen sowie Umgang mit Konflikten unter Kindern:

> Essen: Eine Mutter beklagt sich darüber, dass am Ende jedes Krippentages fast sämtliche Kleidungsstücke ihres Kindes mit Essensresten verschmutzt sind. Neben der aufwendigen Reinigung befürchtet sie, dass den Kindern in der Krippe keine Tischmanieren beigebracht werden. Im Rahmen eines kurzen Wortwechsels äußert eine Erzieherin, dass in der Krippe großer Wert auf selbstständiges Essen gelegt wird. Kleinere Verschmutzungen ließen sich dabei nicht vermeiden.

> Schlafen: Ein Vater bittet die Tagesmutter, seine zweieinhalbjährige Tochter mittags nicht so lange schlafen zu las-

sen. Andernfalls sei diese abends nicht müde und schlafe erst sehr spät ein. Die Tagesmutter entgegnet, ihrer Überzeugung nach sollten die Kinder nicht künstlich geweckt werden, sondern so lange schlafen können, bis sie von alleine aufwachen.

> Erziehungshaltung: Eine Erzieherin bastelt gerne und ausgiebig. Während die meisten Mädchen bereitwillig auf ihre Angebote eingehen, wird dies einigen Jungen schnell langweilig. Auch bei schlechtem Wetter wollen sie lieber draußen spielen. Die Mutter eines Jungen beklagt sich daraufhin bei der Erzieherin, dass diese ihrer Meinung nach dem Bewegungsdrang ihres Sohnes nicht ausreichend Rechnung trage. Zwar sei sie selbst auch sehr für eine gleichberechtigte Erziehung beider Geschlechter, aber Jungen bräuchten nun mal mehr Bewegung.

> Konflikte zwischen Kindern: Ein Vater beobachtet wiederholt, dass ein etwas älterer Junge seinem Sohn das Spielzeug wegnimmt. Zwar habe der gut einjährige Sohn nicht allzu sehr protestiert, so der Vater, aber er finde dieses Verhalten schon aus Prinzip nicht gut. Er fordert die Erzieherin auf, zukünftig bei derartigen Konflikten einzugreifen. Diese erwidert, dass sie in solchen Situationen zunächst abwarte, um festzustellen, ob die Kinder ohne fremde Hilfe zu einer Lösung kommen. Gerade wenn es um Konflikte gehe, seien die Kinder oft sehr kreativ.

Vermutlich werden Sie sich beim Lesen überlegt haben, wie Sie selbst sich wohl in den beschriebenen Streitfällen verhalten würden. Unabhängig von konkreten Lösungen, die hier nicht erörtert werden sollen, verbindet alle vier Konflikte eine Gemeinsamkeit: Während die Eltern verständlicherweise in erster Linie ihr eigenes Kind und dessen Wohlergehen im Blick haben, konzentrieren sich die Erzieherinnen bzw. die Tagesmütter auf die

Eltern sehen vor allem ihr eigenes Kind, die Erzieherin das Wohlergehen aller.

Dynamik in der Gruppe und das Wohlergehen aller Kinder. Zahlreiche Konflikte sind lösbar, wenn beide berechtigten Perspektiven in eine sinnvolle Balance gebracht werden.

Aus einer freundlichen Annäherung kann auch ein Konflikt entstehen.

Nicht in jedem Fall allerdings lassen sich Konflikte durch ein ruhiges Gespräch mit der Erzieherin oder Tagesmutter klären. Manchmal haben sich die Fronten sehr verhärtet oder es sind andere, nicht immer leicht durchschaubare Interessen im Spiel, sodass die Hilfe eines Dritten notwendig wird. Oft ist es bereits hilfreich, einen nicht betroffenen Elternteil oder eine zweite Erzieherin hinzuzubitten. Wenn auch dies nicht zu einer Lösung führt, kann versucht werden, die Leiterin, einen Vertreter des Trägers bzw. (im Falle einer Tagespflegestelle) eine Beratungsstelle oder das Jugendamt um Hilfe zu bitten.

Checkliste: Umgang mit Konflikten

✓ Versuchen Sie zunächst, den sachlichen Kern des Konflikts zu erkennen. Fragen Sie sich auch, welchen Anteil Sie selbst an dem Konflikt haben.

✓ Überlegen Sie, wen Sie am besten ansprechen (Zuständigkeit) und welcher Zeitpunkt für ein ruhiges Gespräch günstig ist.

✓ Fressen Sie Ärger nicht zu lange in sich hinein und sprechen Sie den Sachverhalt direkt an, ohne Ihr Gegenüber persönlich zu verletzen.

✓ Bestehen Sie am Ende des Gesprächs auf einer Vereinbarung, in der eine (vorläufige) Lösung des Konflikts zum Ausdruck kommt.

✓ Ist eine Lösung schwierig, kann manchmal ein zweites Gespräch helfen, eventuell unter Mitwirkung einer dritten Person (z.B. Elternvertreter), bei erheblichen Konflikten mit der Leiterin der Einrichtung, eventuell auch anderen Fachvertretern.

In sehr seltenen Fällen kann ein Konflikt so gravierend sein oder sich so sehr hochschaukeln, dass das Kind unter der Situation leidet und ein Wechsel der Krippe oder Tagespflegestelle in Betracht kommt. Allerdings sollte ein solcher Schritt gut überlegt werden und nicht aus dem Bauch heraus erfolgen. Denn jeder Wechsel ist für das Kind mit neuen Belastungen verbunden.

Beobachten und Dokumentieren: Tagebuch für Eltern

Eine gut funktionierende Erziehungs- und Bildungspartnerschaft ist auf genaues Beobachten des Verhaltens und der Befindlichkeit des Kindes angewiesen. Die Erziehungs- und Bildungsrahmenpläne der verschiedenen Bundesländer haben daher Beobachtung und Dokumentation zu einer wichtigen Aufgabe der pädagogischen Fachkräfte erklärt.

Aber auch Sie als Eltern können den Austausch bereichern, wenn Sie Ihr Kind ab und zu ganz bewusst beobachten. Eine einfache Methode besteht darin, Ihrem Kind einige Minuten bei seinem Spiel zuzusehen und es so genau wie möglich zu beobachten. Anschließend – oder auch nebenbei – sollten Sie Ihre Beobachtungen notieren. Was spielt das Kind? Welche Spielgegenstände benutzt es und wie geht es damit um? Welche übergreifenden und sich wiederholenden Themen sind erkennbar? Wie lange kann sich Ihr Kind in sein Spiel vertiefen?

Weitere aussagekräftige Situationen, in denen derartige Beobachtungen angestellt werden können, sind z. B. die Essens- und Einschlafzeiten, das Zusammenspiel mit anderen Kindern auf dem Spielplatz, die Begegnung des Kindes mit einem Tier (z. B. einem Regenwurm), seine Auseinandersetzung mit einer ihm zunächst ungewohnten Umgebung (z. B. hohes Gras) oder das

Ab und zu können auch Sie Ihr Kind ganz bewusst beobachten.

Auch die Eltern können ihre Beobachtungen eintragen und weitere Dokumente oder Fotos in das »Portfolio« kleben.

Zusammensein mit einer ihm vertrauten bzw. anfangs noch fremden Person.

Erzieherinnen und Tagesmütter legen ihre Beobachtungen häufig dem sogenannten Portfolio des Kindes bei. Portfolios sind Mappen, in denen wichtige auf das Kind bezogene Dokumente – Zeichnungen und andere Produkte des Kindes, Fotos, Beobachtungsergebnisse etc. – gesammelt und dokumentiert werden.

Für Sie als Eltern bietet es sich an, Ihre Beobachtungen zusammen mit anderen Dokumenten sowie Fotos in ein Tagesbetreuungstagebuch aufzunehmen. Vorschläge für ein solches Tagebuch können Sie der nachfolgenden Übersicht entnehmen.

Wie gestalte ich ein Tagebuch zur Tagesbetreuung?

> Machen Sie ein Foto Ihres Kindes zu Beginn der Tagesbetreuung. Kleben Sie das Foto auf die erste Seite des Tagebuchs und notieren Sie dazu das Datum sowie den Namen und die Adresse der Krippe bzw. Tagesmutter.
> Schreiben Sie einen kleinen Text an Ihr Kind, warum Sie sich gerade für diese Krippe oder Tagesmutter entschieden haben.
> Beschreiben Sie den Verlauf der Eingewöhnungszeit, eventuell ergänzt durch Fotos. Auch Ihre eigene Befindlichkeit in diesen ersten Wochen gehört dazu.
> Ergänzen Sie das Tagebuch von Zeit zu Zeit, besonders wenn wichtige Veränderungen (z. B. die ersten Freundschaften des Kindes oder der Wechsel einer Erzieherin) stattfinden.
> Dokumentieren Sie besondere Ereignisse wie z. B. Festtage und Ausflüge sowie den Geburtstag Ihres Kindes in der Krippe oder bei der Tagesmutter.

Erziehungs- und Bildungspartnerschaft hat viele Seiten

> Eltern sind die wichtigsten Personen im Leben des Kindes und verfügen über unersetzliche Fähigkeiten. Aber auch Erzieherinnen und Tagesmütter bringen in die Zusammenarbeit wichtige Kompetenzen ein. Erziehungs- und Bildungspartnerschaft ist eine Partnerschaft gleichwertiger, aber ungleicher Partner.

> Erziehungs- und Bildungspartnerschaft hat viele Facetten: von den kurzen Tür-und-Angel-Gesprächen beim Hinbringen und Abholen jeden Tag über vertiefte Entwicklungsgespräche und Hospitationen bis hin zu Elternabenden, Elterncafé und Beratungs- und Bildungsangeboten.

> Wo intensiv zusammengearbeitet wird, bleiben kleinere und manchmal auch größere Konflikte nicht aus. Entstehenden Ärger nicht in sich hineinzufressen, sondern sachlich und konstruktiv anzusprechen, führt in den meisten Fällen zu guten Lösungen.

> Grundlage guter Partnerschaft ist der Austausch über das Kind. Genaue Beobachtungen bereichern diesen Austausch. Eine gute Möglichkeit für Eltern, Beobachtungen und andere Dokumente des Kindes festzuhalten, ist die Anlage eines Tagesbetreuungstagebuchs.

Medienempfehlungen

Bindung und Trennung

Ahnert, L.: Wie viel Mutter braucht ein Kind? Bindung – Bildung – Betreuung öffentlich und privat. Heidelberg (Spektrum) 2010.

Becker-Stoll, F.; Textor, M.: Die Erzieherin-Kind-Beziehung. Berlin (Cornelsen) 2007.

Bildung

Schäfer, G.: Bildung beginnt mit der Geburt. Weinheim (Beltz) 2003.

Wehrmann, I.: Deutschlands Zukunft: Bildung von Anfang an. Weimar (verlag das netz) 2008.

Eingewöhnung

Läwen, H.; Andres, B.; Hédervári-Heller, É.: Ohne Eltern geht es nicht. Die Eingewöhnung von Kindern in Krippe und Tagespflegestellen. Berlin (Cornelsen) 2006.

Läwen, H.-J.; Andres, B.; Hédervári-Heller, É.: Die ersten Tage. Ein Modell zur Eingewöhnung in Krippe und Tagespflege. Berlin (Cornelsen) 2009.

Entwicklung des Kindes

Andresen, S.; Brumlik, M.; Koch, C. (Hrsg.): Das Elternbuch. Wie unsere Kinder geborgen aufwachsen und stark werden. Weinheim (Beltz) 2010.

Becker-Stoll, F.; Niesel, R.; Wertfein, M.: Handbuch Kinder in den ersten drei Lebensjahren. Freiburg (Herder) 2009.

Brazelton, T. B.; Greenspan, S. I.: Die sieben Grundbedürfnisse von Kindern. Was jeder Mensch braucht, um gesund aufzuwachsen, gut zu lernen und glücklich zu sein. Weinheim (Beltz) 2002.

Fries, M.: Wie ein Baby seine Welt entdeckt. Die Entwicklung Ihres Kindes verstehen und begleiten. Weinheim (Beltz) 2010.

Gonzales-Mena, J.; Widmeyer Eyer, D.: Säuglinge, Kleinkinder und ihre Betreuung, Erziehung und Pflege. Freiamt (Arbor) 2008.

Haug-Schnabel, G.; Bensel, J.: Grundlagen der Entwicklungspsychologie. Freiburg (Herder) 2005.

Klein, M.; Schön, B.; Stüwe, M.: Das Babybuch. Weinheim (Beltz) 2009.

Mundzeck, H.: Ein Leben beginnt... Babys Entwicklung verstehen und fördern. DVD (55 Minuten) über Bindung und Entwicklung in den ersten drei Lebensjahren. Hrsg. und zu beziehen über die Deutsche Liga für das Kind. (www.ein-leben-beginnt.de) 2007.

Largo, R.: Babyjahre. Entwicklung und Erziehung in den ersten vier Jahren. München (Piper) 2010.

Krippen
Dichans, W.: Ein Netzwerk für Familien: Kindertageseinrichtungen und Kindertagespflege wachsen zusammen. Hrsg.: Verband Katholischer Tageseinrichtungen für Kinder (KTK) in Freiburg 2009.

Israel, A.; Kerz-Rühling, I.: Krippen-Kinder in der DDR. Frankfurt am Main (Brandes & Apsel) 2008.

Maywald, J.; Schön, B.: Krippen. Wie frühe Betreuung gelingt. Fundierter Rat zu einem umstrittenen Thema. Weinheim (Beltz) 2008.

Reyer, J.; Kleine, H.: Die Kinderkrippe in Deutschland. Sozialgeschichte einer umstrittenen Einrichtung. Freiburg (Lambertus) 1997.

Tagespflege

Michels, I.: Mein Beruf Tagesmutter/Tagesvater. Wissen und Anregungen für einen alten und neuen Beruf. Seelze-Velber (Friedrich) 2008.

Qualität in Krippe und Kindertagespflege

Deutsche Liga für das Kind: Die beste Betreuung für mein Kind. Worauf Sie achten sollten, wenn Sie Ihr Kind in eine Krippe, Kita oder Kindertagespflegestelle geben. Broschüre zu beziehen über die Deutsche Liga für das Kind. (www.fruehe-tagesbetreuung.de) 2009.

Deutsche Liga für das Kind: Eckpunkte Guter Qualität in Krippe und Kindertagespflege. Broschüre zu beziehen über die Deutsche Liga für das Kind. (www.fruehe-tagesbetreuung.de) 2008.

Gesellschaft für seelische Gesundheit in der frühen Kindheit (GAIMH) (2009): Empfehlungen zur Betreuung und Erziehung von Säuglingen und Kleinkindern in Krippen. Download unter (www.gaimh.org) 2009.

Adressen

Bei Fragen zu früher Tagesbetreuung wenden Sie sich an das zuständige Jugendamt, Abteilung Kindertagesbetreuung, oder an die freien Träger, z. B. Caritas, Diakonisches Werk, Arbeiterwohlfahrt oder Deutsches Rotes Kreuz (DRK).

Rat und Hilfe zur Erziehung Ihres Kindes bekommen Sie bei einer Erziehungs- und Familienberatungsstelle. Alle Adressen auf www.bke.de; dort gibt es auch Online-Beratung.

Informationen zur Kindertagesbetreuung beim Bundesministerium für Familie, Senioren, Frauen und Jugend www.bmfsfj.de.

Ausführliche Texte zu zahlreichen Fragen rund um Kinder und Familie unter www.familien-wegweiser.de.

Zur Babysitterausbildung und -vermittlung des DRK s.: www.drk.de/angebote/familie-und-jugend/babysitterausbildung-und-vermittlung/

Informationen über und Vermittlung von Au-pairs unter www.aupair-world.net oder www.aupair-agenturen.de.

Der Autor

Dr. Jörg Maywald ist Geschäftsführer der Deutschen Liga für das Kind und Sprecher der National Coalition für die Umsetzung der UN-Kinderrechtskonvention in Deutschland. Regelmäßige Fortbildungen und Referententätigkeit national und international, verantwortlich für die Zeitschrift »Frühe Kindheit«, zahlreiche Veröffentlichungen. Er hat drei Kinder und lebt in Berlin.

Impressum

Herausgeber und Lektorat
Bernhard Schön, Idstein

Umschlagkonzept und -gestaltung; Innenlayout
Büro Hamburg, Anja Grimm

Satz und Herstellung
Nancy Püschel

Druck und Bindung
Beltz Druckpartner, Hemsbach

1. Auflage 2010
ISBN 978-3-407-22505-4

Bildnachweis

Umschlagabbildung; S. 1: © plainpicture/Johner
S. 3: © mauritius images/foodcollection
S. 3: © iStockphoto/Stacey Newman
S. 8: © mauritius images/ACE
S. 15: © iStockphoto/Rapid Eye Media
S. 18: © iStockphoto/Snap!photo
S. 24: © Angelika Salomon
S. 29: © iStockphoto/kamel ADJENEF
S. 34: © mauritius images/Katja Zimmermann
S. 36: © mauritius images/age
S. 39: © mauritius images/Marina Raith
S. 43: © iStockphoto/Patrick Heagney
S. 45: © Getty Images/2007 Tina Stallard
S. 48: © iStockphoto/galdzer
S. 52: © mauritius images/Â Sabine & Christian Bordes
S. 55: © mauritius images/age
S. 59: © mauritius images/age
S. 62: © iStockphoto/unclegene
S. 67: © iStockphoto/Damir Cudic
S. 70: © mauritius images/Tetra Images
S. 75: © iStockphoto/diego cervo
S. 79: © mauritius images/age
S. 82: © iStockphoto/blackjake
S. 87: © mauritius images/Johnér
S. 93: © iStockphoto/nyul
S. 96: © Fotolia/
S. 100: © iStockphoto/tepic
S. 103: © iStockphoto Jo Unruh
S. 105: © iStockphoto/Damir Cudic

In Zusammenarbeit mit:

® ELTERN ist eine Marke der Gruner+Jahr AG & Co. KG. Alle Rechte vorbehalten.

® ELTERN family ist eine Marke der Gruner+Jahr AG & Co. KG. Alle Rechte vorbehalten.

Deutsche Liga für das Kind in Familie und Gesellschaft

Initiative gegen frühkindliche Deprivation e.V.